Hagena
Konstitution
und
Bipolarität

Konstitution und Bipolarität

Erfahrungen mit einer neuen Typenlehre

Von Dr. med. Charlotte Hagena
und Christian Hagena

Mit 6 Abbildungen und 8 Tabellen

Karl F. Haug Verlag · Heidelberg

Die Deutsche Bibliothek — CIP-Einheitsaufnahme

Hagena, Charlotte:
Konstitution und Bipolarität: Erfahrungen mit einer neuen Typenlehre / Charlotte
Hagena und Christian Hagena. — Heidelberg: Haug, 1993
    (Haug Erfahrungsheilkunde, Naturheilverfahren)
    ISBN 3-7760-1320-6
NE: Hagena, Christian:

Titel-Nr. 2320 · ISBN 3-7760-1320-6

Satzkonvertierung: Filmsatz Unger & Sommer GmbH, 69469 Weinheim

Druck und Verarbeitung: Progressdruck GmbH, 67346 Speyer

Abbildungen: Böttger und Böttger, Bremen

Inhalt

Vorwort

Mein Dank gilt meinem Lehrmeister *Erich Wilk* und Frau *Schäfer-Schulmeyer*, in deren Hause ich anläßlich eigener Erkrankung dank dieser für mich neuen Lehre von meinen Beschwerden befreit wurde und seit dieser Zeit bei bester Gesundheit an der Weiterentwicklung an Hand eigener Erfahrungen arbeiten konnte. Bei der Erstellung des Buches gilt mein besonderer Dank dem verstorbenen Herrn *Asotoff* (Australien) sowie seiner Tochter *Irina Norris,* die beide Anregung und Vorbereitung zu diesem Buch gaben. Erste Ergebnisse wurden von *Irina Norris* in ihrem Buch "Are we all the same" vorgestellt und unter enormem Fleiß eine einfache aber korrekte Berechnungstabelle erstellt, die ich meinem Buch anfügen durfte.

Großer Dank für die Überarbeitung und Gestaltung des Buches gilt Herrn Professor *Preuß* und Herrn Professor *Klimek,* die viel Zeit und Mühe opferten. Dies gilt auch für meinen Sohn *Christian,* der in der medizinisch-wissenschaftlichen Forschung tätig ist. Mit fortgeschrittenem Alter (84 Jahre), mit einer über 30jährigen Erfahrung in der Anwendung der Lehre drängt es mich, den Gang an die Öffentlichkeit zu wagen, in der Hoffnung zu weiterer Forschung anregen zu können. Ich möchte meinem Buch folgendes Zitat von *Wolfgang Metzger* voranstellen: „Das Vorgefundene zunächst einfach hinnehmen, wie es ist, auch wenn es ungewohnt, unerwartet, unlogisch, widersinnig erscheint und unbezweifelten Annahmen oder vertrauten Gedankengängen widerspricht. Die Dinge selbst sprechen lassen, ohne Seitenblick auf Bekanntes, früher Gelerntes. Zweifel und Mißtrauen aber gegebenenfalls zunächst vor allem gegen die Voraussetzung und die Begriffe zu richten, mit denen man das Gegebene bis dahin zu fassen suchte. Vorurteilslos bereit zu sein, auch gegebene und bekannte Gedankengänge über Bord zu werfen."

Charlote Hagena

7

Einleitung

Jeder Arzt wird am Ende seiner Laufbahn das Gefühl haben, von seinen Erlebnissen und Erfahrungen mitteilen zu sollen. Das medizinische Schulwissen wird zu oft übertrumpft von der Vielfältigkeit der Reaktionsweisen menschlicher Organismen.

Überwältigend ist die Zahl der Erlebnisse, die dem Arzt Angst und Schrecken, Staunen und Bewunderung, Freude und Glücksgefühl einbringen bis hin zur Erkenntnis eigenen Unvermögens und zum ehrfürchtigen Waltenlassen unbekannter Kräfte.

Was mich zum Schreiben dieses Buches treibt, hat seinen Ursprung im zufälligen Bekanntwerden mit einer Lehre – basierend auf einer Naturerkenntnis (siehe Kapitel 3), deren Wahrheit und Gehalt im Laufe der Zivilisation der Menschheit verlorengegangen sein mag. In heutiger Zeit, wo naturwissenschaftliches Denken den Kosmos wieder forschend einbezieht, mögen wir Kenntnisse zurückgewinnen und neu verstehen, die von der Beziehung zwischen Kosmos und irdischem Leben handeln.

Ein Autounfall und völliger körperlicher Zusammenbruch nach jahrelanger Überforderung brachten mich in Kontakt mit einer Typenlehre, auf Grund derer ich in drei Wochen ohne ein Medikament – nur mit Hilfe einer spezifischen Gymnastik – so wieder hergestellt wurde, daß ich mich seither (es sind 30 Jahre) leistungsfähiger und kräftiger fühle als je zuvor.

Im folgenden werde ich berichten, welche Erfahrungen ich in meiner kinderärztlichen Praxis mit diesen neuen Möglichkeiten machte, und wie ich sie von meiner Warte aus zu sehen vermag. Namentlich die Erfahrungen an Säuglingen sind beglückend, und viele Mütter drängten mich zur Veröffentlichung. Bei zwei halbjährigen Aufenthalten in Australien fand ich viel Hilfe und Bestätigung.

Erde und Kosmos

Seit *Picardis* [12] grundlegenden Versuchen über das Wasser wird diesem in biologischen Prozessen eine große Bedeutung zugeschrieben. Die Körperzellen, die zum größten Teil aus Wasser bestehen, sind die Bausteine des Wachstums. Ihr Stoffwechsel muß daher eine große Rolle spielen. Nach Beobachtungen von *Brown* [3] an Tieren und den Beobachtungen an Neugeborenen, erhalten das Wasser und die darin enthaltenen Kolloide exogene Informationen, auch wenn sie völlig von der Umwelt abgeschlossen zu sein scheinen. *Krüger* [9] stellte fest, daß der Organismus des Menschen zwischen positiven und negativen Ionen zu unterscheiden vermag. Die Luftelektrizität beeinflußt ständig die biologischen Wechselwirkungen im Organismus. Da wir aus der Physik wissen, daß die mehr oder weniger starke Ionisierung der Luft durch kosmische Einflüsse bedingt ist, kann man vermuten, daß diese kosmischen Einflüsse über die Ionisation auf den Menschen einwirken.

Dr. *Eugen Jonas* [8], ein tschechischer Psychiater, fand 1956 eine Identität zwischen dem Tag der bestmöglichen Empfängnis einer Frau und dem Stand des Mondes bei ihrer eigenen Geburt. 1968 gab man im Astra-Researchcentrum for Planned Parenthood in Nitra-Czechoslowak unter seiner Leitung Cosmoprogramme heraus, die mit einer Sicherheit von 98 % kontrazeptiv[1] zu verwerten waren. Diese Forschungen beziehen sich aber auf das ungeborene Kind, welches nach *Gauquelin* [6] vergleichbar ist mit dem Astronauten im Raumschiff und erst im Moment der Geburt mit der Berührung der Außenwelt sein individuelles Leben beginnt. Hier erst setzt unsere Typenlehre an und unterstellt den Organismus des Menschen und das weitere Verhalten des Menschen einer bestimmten Gesetzmäßigkeit in Abhängigkeit von Sonne und Mond.

Nachdem ich aus der Fülle der Forschungen in aller Welt über die kosmischen Einflüsse nur andeutete, möchte ich überleiten auf eigene Erfahrungen. Bei den vorgenannten Forschungen und Erfahrungen werden Menschen und Tiere gleichreagierend auf kosmische Einflüsse angesehen. Dementsprechend möchte ich an den Anfang meiner Ausführungen als wesentliche Ansatzpunkte stellen:

---

[1] empfängnisverhütend

Das gesamte organische Leben wird von polaren Kräften beeinflußt, die zu einer individuellen Differenzierung führen. Ursprung dieser polaren Kräfte sind Sonne und Mond. Entscheidend für den Ansatzpunkt dieser Kräfte ist der Augenblick der Geburt mit der ersten Berührung mit der Außenwelt. Es wird eine lebenslang wirksame Grunddisposition des Organismus erworben. Diese polaren Kräfte sind bislang nicht direkt nachweisbar. Auf ihr Vorhandensein kann man nur durch ihre Auswirkungen und ihre Berechenbarkeit schließen. Dieses Buch will ihre Auswirkungen und Gesetzlichkeit beschreiben. Wegen ihrer ungeheuren Bedeutung für menschliches Verhalten und der daraus erwachsenden Konsequenzen ist eine ausführliche Beschreibung und Kenntnis notwendig.

Grundlagen einer neuen Typenlehre
und deren Berechnung

Unabhängig von astronomischen Theorien und Aussagen lassen sich unsere Erfahrungen und Erkenntnisse in einer neuen Typenlehre zusammenfassen.

Wir unterscheiden in dieser zwei Typen: Wir haben den einen Typ — als den sonnenabhängigen — den *solaren* Typ genannt, — den zweiten — als den mondabhängigen — den *lunaren* Typ.

Die Natur steht zu jeder Zeit unter beiden Einflüssen. Wesentlich ist aber, welcher von beiden Einflüssen im Augenblick der Geburt stärker ist und — vergleichbar mit einer elektrischen Polung — die Grunddisposition des vorherrschenden Prinzips erwirkt. Wir erfahren später, daß dieses Prinzip den Atemtypus des Menschen bestimmt. In Ermangelung des Wissens um die Art dieser Energie nennen wir diese Kräfte Sonnen- und Mondenergie. Der Stärkegrad derselben in ihrer Wirkung auf das irdische Geschehen läßt sich folgendermaßen berechnen: Die Wirkungskraft des Vollmondes auf die Erde sei mit 100% angesehen. Bis zum nächsten Neumond ergibt sich ein Abfall von 6,6% täglich und darauf wiederum eine Zunahme von 6,6%. Bis auf einige bekannte Schwankungen läßt sich damit Zu- und Abnahme der *Mondenergie* für jeden Tag berechnen.

Die Berechnung der *Sonnenenergie* geschieht nach dem gleichen einfachen Prinzip, wenn wir den 21. Juni als 100% ansehen und bei einer täglichen Abnahme um 0,5% am 21. Dezember bei 0,5% sind, worauf dann die Steigerung um täglich 0,5% bis zu 100% am 21. Juni erfolgt.

Setzen wir an einem beliebigen Tag zur Bestimmung der dominierenden Kraft beide Werte in Beziehung zueinander, so erhalten wir die für diesen Tag vorherrschende Kraft. Diese rechnerische Gegenüberstellung ist erstmals von *Erich Wilk* [19] vorgenommen worden und bildet die Grundlage der weiteren Erkenntnisse. Die kosmische Situation spielt bereits am Tage der Geburt eine ausschlaggebende Rolle für unser ferneres Leben, so daß darauf eine neue Verhaltenslehre aufgebaut werden konnte mit exakt berechenbarem Hintergrund und logisch abgeleiteten Konsequenzen, wie im weiteren zu berichten sein wird. Ich arbeitete und beobachtete 16 Jahre in meiner Praxis gemäß dieser Typenlehre. Es zeigte sich ein völlig konträres Verhalten im Bereich vieler biologischer Reaktionen und Verhaltensweisen je nach der beim Lebensbeginn erhaltenen Polung der Lebensenergie. Doch davon später.

Die Technik der Berechnung ist einfach. Durch die sorgfältige Berechnungstabelle von *Irina Norris* [10] ist ein einfaches Ablesen der Typenzugehörigkeit möglich. Diese ist meinem Buch am Ende beigefügt. Schwierigkeiten in der Berechnung der Typenzugehörigkeit ergeben sich nur in jenen Fällen, wo beide Energien im Moment der Geburt gleiche Werte nach der Tagesberechnung haben und wir die *Geburtsstunde* zum Ausgangspunkt nehmen müssen. Im allgemeinen genügt bei der Errechnung eine Differenz beider Werte von 6,6 %, also ein Mondtag. Die Polarität beider Kräfte läßt erwarten, daß es immer eine führende Kraft geben muß. Genauere Auskunft über das Vorherrschen einer der Kräfte läßt sich aus Kurven ersehen. Interessant ist die Frage, was die Schnittpunkte beider Kurven kosmisch bedeuten.

Warum ist der Moment der Geburt − der erste Atemzug − wichtig bzw. ausschlaggebend für eine lebenslang wirkende organische Grunddisposition? Wir müssen Beobachtungen und Erfahrungen sprechen lassen. Die bekannte Beobachtung, daß im Sommer − der Jahreszeit mit der größten Sonnenintensität − das Längenwachstum beschleunigt ist, erleben wir in der Natur bei den Pflanzen ebenso wie bei den Tieren und Menschenkindern. Alles streckt sich, es „schießt" in die Höhe, weniger in die Breite. Die Sonne übt eine *vertikal ziehende* und dabei *verengende Kraft* aus.

Im Winter überwiegt das Breitenwachstum bei geringerem Sonneneinfluß und stärkerem Mondeinfluß. Wir schreiben dem Mond *horizontal gerichtete, dehnende Kräfte* zu. Dies ist die Hypothese. Ist sie zutreffend, führt sie zu ungeahnten Konsequenzen.

Nun zu einem Beispiel: Ein Kind wurde am 23.10.61 geboren. Die Sonne hatte vom 21.6. bis zu diesem Tag an Energie 67 % verloren, so daß man mit 33 % rechnen muß. Am 24.10 war Vollmond. Man muß von den 100 % des Vollmondes einen Tageswert von 6,6 % abziehen und 93,4 % gegen die 33 % Sonnenenergie stellen. Es bleibt also eine deutliche Überlegenheit der Mondenergie. Dieses Kind kam im Augenblick der Geburt in eine vom Mond dominierte kosmische Situation. Der dehnende Einfluß des Mondes bedingt eine Dehnung der Atemorgane als erste Reaktion des Körpers auf die Welt mit ihren Bedingungen. Sekun-

14

där erfolgt die Ausatmung durch Zusammenziehung der Atemorgane, die passiv erfolgt. Dieses Kind wird von nun an dem Prinzip der *aktiven Einatmung und passiven Ausatmung* unterliegen. Es wird schwerlich gelingen, dies durch direkte Beobachtung zu objektivieren, aber in der Folgezeit wird das Verhalten des Kindes uns den Beweis erbringen. Ein bestmögliches Gedeihen des Kindes können wir feststellen, wenn wir von nun an der Einatmung ideale Voraussetzungen schaffen. Da ist zunächst die Rückenlage, die dem Brustkorb die günstigste Möglichkeit zur Einatmung bietet. Wenn man zunächst die Seitenlage wählt, um ein Verschlucken bei Spucken oder Erbrechen zu vermeiden, so bleibt für später die Rückenlage das Optimale, und der gesunde Säugling wird bei selbständiger Drehung diese wählen. In dieser Lage wird ein so disponiertes Kind ruhig und entspannt schlafen.

Nehmen wir den entgegengesetzten Fall an: Ein Kind sei am 5.6.62 geboren. Am 2.6. war Neumond, wir haben also einen sehr geringen Mondeinfluß von 20%, aber einen um so stärkeren Sonneneinfluß von 92%, da der Sonnenstand auf den höchsten Punkt am 21.6. zugeht. Die Sonnenenergie ist vorherrschend. Der verengende Einfluß der Sonne macht sich bemerkbar in einer *aktiven Einengung des Brustkorbes mit forcierter Ausatmung*, der passiv die Einatmung folgt. Die ideale Lage für dieses Kind ist die Bauchlage, die die Einengung des Brustkorbes erleichtert. Damit ist eine wesentliche Voraussetzung für ein gutes Gedeihen des Kindes geschaffen.

Wir erkennen als treibende Kräfte unseres Verhaltens im einen Falle die aktive Einatmung mit passiver Ausatmung und im anderen Falle die aktive Ausatmung mit passiver Einatmung. Ich weiß, daß dies nicht im Einklang mit der derzeitigen Lehrmeinung steht: Es läßt sich aber diese Behauptung leicht am Erwachsenen demonstrieren. Den jeweils errechneten dominierenden Atemtyp gilt es zu unterstützen, um eine optimale Gesundheit zu erzielen und dem Organismus sowohl bei Höchstleistungen wie bei Krankheiten und Leistungsanforderungen aller Art zu helfen. Die Möglichkeit zur Intensivierung der jeweils richtigen Atmung wird im weiteren beschrieben. Die Erfolge sind eindeutig und können jedem in wenigen Minuten an sich selbst spürbar gemacht werden. Was jahrelange Beobachtung, Erfahrung und Behandlung zeigten, wozu Tausende von Berechnungen angestellt wurden, müßte nun weiter erforscht werden. Es geht nicht um Glauben oder Nichtglauben, sondern es geht um exakte Feststellungen und deren Konsequenzen.

1. Wir unterscheiden zwei Typen, denen folgendes gemeinsam ist:
   a) Der *lunare* Typ: Die Mondabhängigkeit ist das vorherrschende Prinzip.
   b) Der *solare* Typ: Die Sonnenabhängigkeit ist das vorherrschende Prinzip.
2. Beide Typen haben sowohl mond- als auch sonnenabhängige Energie in sich.
3. Beide Typen sind abhängig von der Polung ihrer Energie bei der Geburt und deren quantitativer Ausprägung.
4. Beide Typen verhalten sich grundlegend polar:
   a) in der Atmung b) in der Körperhaltung
   c) in der Motorik d) im Schlaf-Wachrhythmus
   e) in der Blutverteilung f) im Stoffwechsel
   g) im Verhalten der Sinnesorgane
5. Beide Typen sind in ihrer Gesundheit und Leistungsfähigkeit abhängig von einem typenstimmigen Klima, einer typenstimmigen Umgebung und einem typenstimmigen Verhalten.
6. Beide Typen sollten bei der Berufswahl ihren Typ berücksichtigen, um in Gesundheit und Leistung keine Einbußen zu erleiden.
7. Beide Typen werden mit einem typengleichen Partner den Lebensalltag leichter meistern. Typenverschiedenheit aber erfordert oft ein hohes Maß an Toleranz.
8. Typenpolare Proportionen des Körpers — erbbedingt — fordern sorgfältige Beobachtung und entsprechende Behandlung; anderenfalls kommt es leicht zur Erkrankung.
9. Beide Typen werden begünstigt durch typenentsprechende Erbanlagen. Nichttypenentsprechende Erbanlagen lassen sich bis zu einem gewissen Grade durch typengemäßes Verhalten günstig beeinflussen.
10. Die psychische Grundhaltung steht in starker Abhängigkeit von der Erhaltung der Harmonie der unser Leben bestimmenden Anlagen und Kräfte.

Der Säugling und die Typenlehre

Ein Säugling verbreitet eine geheimnisvolle Welt um sich wie Schiller es ausdrückte: „Ihm ruhen noch im Zeitenschoße die schwarzen und die heitren Lose." — Ein wenig mehr in diese geheimnisvolle Welt des Säuglings einzudringen, erlaubt uns das Wissen um seine Typenzugehörigkeit. Hat man diese errechnet, so hat man einen Schlüssel zu seinem Verhalten und Wesen und ist dadurch besser in der Lage, seine Pflege und Betreuung optimal zu gestalten. Was können wir tun, um ihm zu einer bestmöglichen Gesundheit zu verhelfen als Basis späterer Leistungsfähigkeit und Lebensfreude?

Im Laufe von 17 Jahren konnte ich in meiner kinderärztlichen Praxis und in Kindererholungsheimen mit Kuraufenthalten bis zu 8 Wochen Säuglinge und Kleinkinder und Kinder bis zu 14 Jahren nach Berechnung des Geburtsdatums im Sinne dieser Typenlehre beobachten und behandeln. Dabei ließ sich eine Sicherheit in Diagnostik und Therapie gewinnen, die auf andere Weise weit schwerer und langsamer zu erreichen ist. War das Kind seinem Typ zugeordnet, so war die erste Forderung die nach der richtigen Lagerung. Es folgte die Zuordnung zur typenrichtigen Ernährung. Bei Säuglingen, deren Reaktion auf Lagerung, Ernährung und übrige Behandlung noch gut überschaubar ist, lassen sich die grundsätzlichen Unterschiede beider Typen gut studieren. Hat man im Laufe von 40 Jahren Kinderheilkunde die sich ständig widersprechenden Richtlinien und Unsicherheiten in der Säuglingsernährung erlebt, so ist man sich der Schwierigkeiten auf diesem Gebiet voll bewußt geworden und ist skeptisch auch gegen die neueste Theorie. Man spürt die Fehler der Verallgemeinerungen. Man kennt die Allmacht der Industrie und Werbung mit allgemeinen Empfehlungen. Man weiß um den Wandel der Eßgewohnheiten, wie sie z. B. vom Forschungsinstitut für Kinderernährung in Dortmund beschrieben werden — vom pflanzlichen Nahrungsmittel bis hin zum konzentrierten tierischen Nahrungsmittel. Die Vielzahl der berufstätigen Mütter fordert mehr und mehr Fertignahrung. In Kinderheimen, Krippen, Tagesstätten ist die Ernährungssituation eine andere als im häuslichen Milieu mit dem individuell geplanten Essen in behaglicher Atmosphäre am Familientisch. Alle diese Wandel, Wechsel, Verschiedenheiten fordern heraus, trotz aller Schwierigkeiten die für jedes Kind optimale Nahrung zu finden. Dies ist möglich geworden durch das Erkennen der Typenzugehörigkeit, da es sich herausstellte, daß jeder Typ andere Nahrungsbedürfnisse hat. So ist die Forderung: *die individuelle Kost.*

Von 600 Säuglingen, die wir wegen Ernährungsstörungen registrierten und typenmäßig einordneten, waren 305 dem Einatemtyp zuzurechnen und 295 dem Ausatemtyp. Es wurden also 305 beim Schlafen auf den Rücken gelegt, 295 auf den Bauch.

Zunächst mußte ein großes Angebot der damals im norddeutschen Raum gängigen Säuglingsnahrung nach ihren Inhalten sortiert werden. Ob sauer oder süß, fett oder entfettet, fettadaptiert[1] oder nicht. Es waren etwa die folgenden Präparate: Alete Initial, Alete I und II, Milumil, Nektarmil, Aptamil, Humana I und II, Pomil, Nidina, Honigmilch, KS Milch, Aletana, Hippon I und II, Nan, Beba, Eledon, Pelargon, Citrettenmilch, Frischmilch, Kondensmilch und Muttermilch. Eine Fülle von Möglichkeiten, die dem Kinderarzt die richtige Auswahl schwer machte.

Es stellte sich heraus, daß die Einatmer — *mondabhängige Typen* — bei kräftiger Kost mit hohem Fettgehalt aber niedrigem Zuckergehalt am besten gediehen. Oft erwies sich eine zusätzliche Ansäuerung als besonders günstig. Die Kondensmilch war auch bei den Kleinsten bereits gut verträglich. Je höher der Fettgehalt, um so besser schien das Milcheiweiß vertragen zu werden. Frischmilch erwies sich auch als verträglich, wenn der Fettgehalt nicht reduziert worden war. Die Verdünnungen wurden mit *Mondaminschleim (Maismehl)* gemacht, das sich als sehr bekömmlich erwies. Die Ansäuerung geschah mit *Citretten* oder einigen Tropfen *Citrone*, oder es wurde eine der *angesäuerten Nahrungen* gegeben: Alete I und II, Pelargon. Erwähnt sei aus der Fülle der Möglichkeiten das angesäuerte aber fettarme Eledon, das als Heilnahrung gute Dienste leistete, weil es individuell allmählich wieder mit Butterschwitze angereichert werden konnte. Die bei diesem Typ starke *Zuckerempfindlichkeit* bis zur totalen Zuckerintoleranz ließ bei Eledon eine individuelle Dosierung des Zuckers zu.

An ergänzenden Nahrungen tolerieren die mondabhängigen Kinder die *Karotte* in jeder Form besonders gut; ebenso Apfel und Kartoffel.

Ganz entgegengesetzt verhält sich der *Ausatemtyp* — der sonnenabhängige — der Bauchlieger. In seiner Ernährung steht vordergründig das

---

[1] fettangepaßt

Bedürfnis nach *Kohlenhydraten* und *eiweißreicher* Kost. *Fett* wird schwer toleriert, insbesondere das tierische Fett. Entfettete, bzw. magere Milch wie Alete Initial halfen in kurzer Zeit, aus dem schreienden unruhigen Säugling mit Blähbeschwerden einen ruhigen gut gedeihenden Säugling zu machen. Die einfachste Form dieser Ernährung war abgerahmte Milch, mit *Haferschleim* verdünnt und mit *Honig* gesüßt. Die volladaptierten Nahrungen zeigten hier ihren Wert. Die Karotte war von besonderer Unverträglichkeit. Blähbeschwerden, Spucken und Hautausschläge traten auf. An Stelle der Karotte tritt der Spinat und die Tomate in roher Saftform. Der Flüssigkeitsbedarf dieser Kinder ist geringer, so daß man eher zu Breien übergehen kann. Der *Zuckerbedarf* ist groß, so daß man bei Dyspepsien nie ganz auf Zuckerzusatz verzichten darf.

Die nach den beiden vorgenannten Richtlinien ernährten Kinder zeigten durchweg ein sehr gutes Gedeihen, hatten frische rosige Farben, schliefen entspannt und ruhig — jeweils auf Bauch oder Rücken — und zeigten Fröhlichkeit und Vitalität. „Ich weiß gar nicht, wie mein Kind eigentlich weint", so berichteten mir Mütter, glücklich und stolz. Es gab keine psychologischen Probleme, keine Verhaltensstörungen von seiten der Kinder und kein Fehlverhalten der Mütter.

Jene Nahrungen, die sowohl tierisches wie pflanzliches Fett enthalten, spielen dabei eine besonders belastende Rolle. Eine zunächst scheinbare Verträglichkeit bei starker Gewichtszunahme erweist sich mit der Zeit als ungeeignet. Das Schreien der Kinder wird als Hunger gedeutet, die Leibschmerzen bei einem aufgetriebenen Bauch werden stärker, allmählich verfärben sich die Stühle, die Kinder sehen blaß aus, werden launisch. Ändert man die Nahrung nach einer ausgiebigen Teepause allmählich auf die typenrichtige Weise, so folgt schon auf die Teepause eine ruhige Nacht durch die Entlastung des Magen-Darmtraktes. Spätestens nach 8 Tagen ist die Umstellung auf die neue Nahrung vollzogen, und es folgt nunmehr ein normales Gedeihen. Der gespannte Gesichtsausdruck der Kinder verschwindet, ebenfalls der geblähte Leib und damit das Schreien; Hautturgor[2] und Farbe normalisieren sich. Vitalität, Weichheit der Bewegungen, gleichmäßig gute Stimmung: Das sind die Kennzeichen eines typenrichtig ernährten Kindes. Das Kind wird für seine Umgebung zur ungetrübten Freude. Die Gewichtszunahme ist sanft ansteigend, und die Funktionen stellen sich altersgemäß ein. Dies alles

---

[2] Spannungszustand der Haut

ist in Hunderten von Fällen von mir registriert worden, sowohl in der Praxis als auch in den Kinderheimen. In letzteren vertrauten die Leiterinnen wie auch das Personal voll auf diese neuen Erkenntnisse. Ich hatte auch infolge der schnellen Heilungen das Vertrauen der Mütter, obwohl ich aus Zeitgründen nicht in der Lage war, den wahren Hintergrund unserer Empfehlungen jeder einzelnen Mutter zu erklären. Jene, denen ich eine Erklärung gegeben habe, drängten mich zur Veröffentlichung.

Ich komme nun auf die Ernährungsstörungen des *Ausatemtyps*. Nach einer Teepause beginnt man am besten mit *Reisschleim*, dem man eine kleine Menge *Honig* oder Zucker zusetzt. Dies ist wichtig, weil dieser Typ sehr empfindlich auf *Zuckermangel* reagiert. Dazu folgendes eigene Erlebnis, das sich vor der Kenntnis dieser Typenlehre ereignete: Mein damals zweijähriger Sohn − den ich später als Ausatemtyp errechnete − hatte nach einer Bauchdrüsenoperation zunächst nichts zu trinken bekommen. Plötzlich verfiel er so erschreckend, daß die Chirurgen eine Peritonitis befürchteten. Aber Azetongeruch führte zu der richtigen Annahme, daß es sich um einen akuten Zuckermangel handeln müsse. Eine Traubenzuckerinfusion führte augenblicks zur Behebung dieses bedrohlichen Zustandes.

Spätere Beobachtungen haben mir bei Kenntnis des jeweiligen Typs diese besondere Empfindlichkeit der *Ausatmer* bestätigt. Auf Reisschleim mit Zucker folgt dann der Aufbau mit einer der *fettarmen* Nahrungen, bei denen der *Eiweißanteil* relativ groß ist. Bald kann auch Banane gegeben werden und bei älteren Säuglingen *Magerquark*. Die Ernährungsstörung wird schnell behoben sein. Abgesehen von Störungsfällen gilt für diesen Typ, daß der *Flüssigkeitsbedarf* nicht sehr groß ist. Man kann frühzeitig mit Breinahrung beginnen und tut gut daran, *viele kleine Mahlzeiten* zu geben. *Steinobstsäfte* und roher *Tomatensaft* werden gut vertragen und der *Spinat* schmeckt und bekommt.

Die für den Einatemtyp so guten *Karotten* bekommen nicht. Es resultieren Dermatitiden und Verdauungsschwierigkeiten. Ebenso *wenig* bekömmlich sind saure Obstsorten wie die *Citrusfrüchte* und *Beerenobst*. Die Säureempfindlichkeit ist groß.

Dehnungs- und Verengungszonen

Nachdem wir an der Atmung das dehnende und verengende Prinzip kennengelernt haben, stellt sich die Frage, nach welchem Prinzip der übrige Körper arbeitet. Ich deutete schon an, daß die Tätigkeit des Gehirns dabei von wahrscheinlich ausschlaggebender Bedeutung sein wird, denn im Gehirn werden ja alle Körperfunktionen angeregt und gesteuert. Es müßte demnach als Impulsgeber im gleichen Sinn arbeiten wie die Atmung. Das Gehirn ruht in der Hirnschale, die wir bis zur Haargrenze rechnen können, so daß der Gesichtsschädel als eine andere Einheit angesehen werden kann. Die Zentralstellen aller Körperfunktionen liegen wohlgeordnet im Gehirn und sind uns weitgehend bekannt. Das Atemzentrum liegt besonders geschützt. Die motorischen Zentren suchen wir im Hinterkopf. Geht man von der Vorstellung aus, daß sich das gesamte Gehirn wie das Atemzentrum verhält, so würde dies beim *Einatemtyp* bedeuten, daß es dem *Dehnungsprinzip* unterliegt und dehnende Impulse gibt. Das wiederum bedeutet, daß bei einem gut durchbluteten Gehirn die motorischen Funktionen des Einatmers kräftigere Impulse erfahren als die des *Ausatemtyps*. Entsprechend der zentralen Anregung sind die Stellen unseres Körpers, die der *Motorik* dienen, auf *Dehnung* eingestellt. Es sind dies beim *lunaren Typ Hinterkopf und Ohren, die Gliedmaßen und der Oberkörper*. Da *Wärme* Dehnung fördert, so sind diese Stellen auch besonders wärmebedürftig, wie sich tatsächlich einfach und sicher nachweisen läßt — und später noch nachgewiesen wird.

Da beim *solaren oder Ausatemtyp* entsprechend der verengenden Atemimpulse sich auch die motorischen Zentren identisch verhalten, so sind die genannten Zonen wie *Hinterkopf, einschließlich Ohren, Gliedmaßen und Oberkörper Verengungszonen* und reagieren gut auf *Kälte*, aber auch auf minder starke Anregung, und die *Zusammenziehung bzw. Beugung der Verengungszonen* (Oberkörper, Arme, Beine) fällt diesem Typ leichter.

Haben wir diese Gesetzmäßigkeiten akzeptiert, so müssen wir uns mit einer weiteren Gegebenheit auseinandersetzen. Es reagieren drei Körperteile entgegengesetzt und ermöglichen im Körper ein besonderes Spannungsgefälle. Es sind dies *Gesicht, Hals und Becken*. Beim *lunaren* Typ sind diese drei Gebiete *kältefreundlich* bzw. *Verengungszonen*, während

Solarer Typ

Dehnungszonen
Gesicht
Hals
Becken

Lunarer Typ

Verengungszonen
Gesicht
Hals
Becken

sie beim *solaren* Typ wärmebedürftig sind, auf *Dehnung* eingestellt. Wir haben also in unserem Körper einen Wechsel von sich dehnenden und verengenden Zonen. Dies ist von großer Bedeutung für weitere Folgerungen.

Besonders die später zu schildernde Übungsbehandlung basiert weitgehend auf diesen Tatsachen. Wir müssen dies als Gegebenheit hinnehmen, bis es einmal gelingen wird, biologische Erklärungen dafür zu finden. Es gibt noch viele Vorgänge in unserem Körper, die zwar beschrieben worden, aber noch nicht erklärbar sind, obwohl wir mit ihnen rechnen müssen.

Das entgegengesetzte Verhalten in der Motorik und im Stoffwechsel ist erklärbar durch den anderen O_2-Bedarf des *Einatmers* und die forcierte CO_2-Abgabe des *Ausatmers*. Schon beim Schwimmen und Tauchen lassen sich diese Unterschiede erkennen. Der *Einatmer* wird besser *Rückenschwimmen* und sich beim Tauchen schwer tun, während der *Ausatmer* ein gutes Durchhaltevermögen im *Brustschwimmen* und im *Tauchen* hat.

Ein Stoffwechsel, der viel O_2 zugefügt bekommt, zeigt andere biochemische Abläufe als der andere mit stärkerer CO_2-Abgabe aber weniger O_2-Zufuhr. Darüber im folgenden Kapitel.

Stoffwechsel – Kleinkinder und Erwachsene

Es schrieb neulich jemand in einem Journal „und wenn weiter ernährungswissenschaftlich soviel verboten wird, dann können wir nichts mehr essen." (Zitat) Darum möchte ich den folgenden Ernährungsrichtlinien vorausschicken, daß es allgemeine Richtlinien sind, die aber volle Bedeutung erlangen bei Erkrankungen. Für den Säugling und das Kleinkind mit dem noch infantilen Digestionstrakt[1] und der sehr empfindlichen Leber spielt die richtige Ernährung eine ausschlaggebende Rolle. Im späteren Leben wird vieles toleriert, kann sich aber nach Jahren als schädlich manifestieren.

Beim Kleinkind bauen wir auf dem auf, was sich im ersten Lebensjahr bewährt hat. Was der empfindliche Säugling vertragen hat und dabei gesund und vital war, müßte auch weiterhin dem Stoffwechsel gut tun. Bei jeder Pflanze und jedem Tier würde man das annehmen.

Wenden wir uns zunächst dem *lunaren* Typ zu. An Milchprodukten käme *fette Milch, Sahne, Kondensmilch* in Frage – wobei Milch wegen des hohen Eiweißgehaltes mit Zurückhaltung gegeben werden sollte. Bei vielen Kindern, die die Sprechstunde wegen chronischer Appetitlosigkeit und Blässe bei normalen Blutverhältnissen aufsuchten, war die Ursache ein literweiser Milchgenuß „damit das Kind wenigstens etwas zu sich nähme". Bis zu 500 ml Milch am Tag könnte man im Allgemeinen geben. Besteht eine chronische Obstipation[2], so genügen einige milchfreie Tage zur Behebung des Übels. *Kakao* stopft bei diesem Typ sehr, so daß man Kakao als Stopfmittel einsetzen kann. Den hohen *Flüssigkeitsbedarf* kann man mit *Apfelsaft, Apfelsinensaft, Pampelmusensaft, Mineralwasser und Tee (auch dünnen schwarzen Tee)* stillen. Vermeiden sollte man sehr *kalte* Getränke. Die Unsitte, direkt aus dem Eisschrank zu servieren, hat manche Gastritis[3] zur Folge. Magen und Magenschleimhaut sind auf bestimmte Temperaturen eingestellt, bei denen die Funktion der Fermente gewährleistet ist. Eine Unterkühlung sowie Überhitzung ziehen Dysfunktionen nach sich. Gelegentliche Verstöße werden vom Organismus verkraftet, nicht aber eine Summation schädlicher

---

[1] Verdauungstrakt
[2] Stuhlverstopfung
[3] Magenentzündung

Komponenten, wie hastiges kaltes Trinken, große Hitze, beginnender Infekt, seelische Unpäßlichkeit.

Das günstige Brot ist das mit *Sauerteig* gebackene *Roggenbrot*. *Butter* ist für den *lunaren* Typ ein notwendiges Nahrungsmittel. Etwas Marmelade oder Honig kann gewiß gegeben werden, wird aber vom instinktsicheren Kleinen oft schon abgelehnt als zu süß. Sie lehnen oft Süßes in jeder Form ab und verlangen *Wurst, Fleisch, fetten Speck, Käse, Schinken*. Hier möchte ich einmal besonders auf den *Quark* hinweisen. Er schadet dem *lunaren* Typ und manchem Leberkranken sind sehr schlechte Dienste erwiesen worden, wenn er als unentdeckter *lunarer* Typ mit Quark gefüttert wurde. Dies kann ich aus eigener Erfahrung nach einer Gallenoperation bezeugen. Alles lief vor und während der Operation gut, bis auf dem Diätplan der Quark erschien, augenblicks der Stuhl hell wurde und Schmerzen einsetzten. Ein in Butter gebratenes Steak wurde gut vertragen und der Quark abgesetzt.

Die Mittagsmahlzeit als die wichtigste Mahlzeit dieses Typs hat zum Angelpunkt die *Kartoffel* in jeder Form. Dazu die Gemüse: *Karotte, Kohlrabi, Sellerie, Porree, Blumenkohl, Salat, Mais*. Geht es um jene Gemüse, bei deren Wachstum die Sonne kaum eine Rolle spielt, wohl aber der Mond, dessen Strahlen tiefer in die Erde dringen? Diese Frage ließe sich durch Versuche vielleicht klären.

Der rohe *Möhrensaft mit Sahne* und geriebenem *Apfel* ist eine wohlschmeckende gute Sache. *Gebratenes* oder *geräuchertes* Fleisch oder Fisch wird besser vertragen als gekochtes mageres Fleisch, Fisch oder Wurst. *Suppen* sind als Flüssigkeitsspender und Anreger der Magensäfte gut und werden gern gegessen. An Obst sind saftige Früchte, besonders *Beeren* gut verträglich, weniger das Steinobst wie *Kirschen, Pflaumen, Pfirsiche und Aprikosen*. Sehr gut sind der *Apfel, die Banane, Citrusfrüchte und Nüsse*.

Süßspeisen sind besser zu meiden. Das jetzt so wichtig gewordene *Eis* ist als kalte Süßspeise nur mit Maßen zuträglich. Ich sah manches acetonämische Erbrechen[4] nach Eisgenuß, besonders bei großer Hitze. Um Kindern nicht ein Gefühl des Entbehrenmüssens zu geben bei diesem jetzt so viel konsumierten Genußmittel, kann man raten, das Eis mit einer heißen Soße anzubieten, oder es aufweichen zu lassen.

Für Erwachsene gilt im Grundsatz dasselbe, was wir eben für Kinder durchsprachen. *Drei Mahlzeiten* genügen. Diese mit *kräftiger, fettreicher*

---

[4] Brechanfälle mit Auftreten von Ketonkörpern im Blut

Kost. Eiweiß wird zusätzlich mit Fett angereichert wie bei gebratenem Fleisch, Fisch oder Spiegelei. Die Kohlenhydratzufuhr geschieht am günstigsten durch die Kartoffel – wie in einem späteren Kapitel noch begründet werden wird.

Das *Fett* ist animalisch: *Butter, Speck, Schmalz.*

Pflanzliches Fett wird vom *lunaren* Typ schlecht toleriert, wie mancher in südlichen Ländern zu spüren bekommen wird (Öl).

Bei Magen- und Darmstörungen ist der Erwachsene schnell zu heilen mit den wesentlichen Komponenten seiner Kost: Karotte, Kartoffel, schwarzer Tee und Apfel. Sehr bald wird roher Schinken und gebratenes Steak vertragen.

Eine Patientin mit Hepatitis aß nur Haferschleim und Zwieback. Ihr Zustand wurde schlechter statt besser. Ein Klinikaufenthalt war bei 5 Kindern nicht möglich. Wir gaben ihr feucht-warme Umschläge auf die Leber, ließen sie langsam die später zu beschreibenden Übungen erlernen und ernährten sie kräftig mit oben genannten Speisen. Auch Butter wurde gegeben. Sie erholte sich schnell, und die Schlappheit wich.

Gewürze (Pfeffer, Paprika usw.) sind gut für den *lunaren* Typ, weil diese die Magenschleimhaut anregen und obendrein Durst machen. Beim Erwachsenen spielen die Getränke eine große Rolle.

Nicht, was man ab und an trinkt ist wesentlich, sondern das, was man häufig oder ständig trinkt. So ist der Dauerkonsum von *Bier* für den *lunaren* Typ schädlich, ebenso *Rotwein* mit seinem hohen Gehalt an Gerbsäure. Am schädlichsten ist ihm der *Bohnenkaffee.* Auf heimtückische Art schadet er dem Kreislauf allmählich. Er senkt bei diesem Typ den Blutdruck! Es stellen sich Schwächegefühle ein, die wiederum mit Bohnenkaffee behoben werden sollen. „Ohne meine Tasse Kaffee komme ich morgens nicht in Gang."

Der Kaffeekonsum wird größer, der Blutdruck niedriger, und man bemerkt nicht die Ursache des Übels, weil ja der Kaffee dem anderen Typ eine echte Kreislaufstütze ist. Bei Nichtkenntnis der Typenverschiedenheit wird von einem Menschen auf den anderen geschlossen. Auch kann so keiner wissen, daß er differenzierte Empfehlungen geben müßte. Auf den Laien wirken entgegengesetzte Ratschläge ohnehin verwirrend.

Ich erinnere mich an eine Patientin während des Notdienstes, die mit stenokardischen Beschwerden[5] im Hotel lag. Sie hatte bereits sehr star-

---

[5] Herzschmerzen

ken Bohnenkaffee getrunken und neben ihr lagen 8 verschiedene Medikamente, die ihr in einem Diagnosezentrum verordnet worden waren. *Sie nahm im Monat für 800,–DM Medikamente zu sich, deren Wirksamkeit zum Teil völlig entgegengesetzt lag. Bei der Berechnung ergab sich, daß sie ein lunarer Typ war und wahrscheinlich durch den Bohnenkaffeegenuß allmählich in diesen Zustand gekommen war.*

Ähnlich lagen die Dinge bei Fräulein J., die auch nachts im Hotel Hilfe wegen akuter Kreislaufstörungen brauchte. Sie kam in meine Behandlung, erlernte die Übungen mit Erfolg. Aber schon durch das radikale Absetzen von Nikotin und Bohnenkaffee konnte sie geheilt werden.

Das *Nikotin* spielt bei dem *lunaren* Typ eine ähnliche Rolle wie Coffein. Auch hier ein Beispiel:

Im Eilbesuch wurde ich zu K.B. geb. 27.11.1953 gerufen, die mir von klein auf als gesundes Kind bekannt war. Sie lag mit stenokardischen Beschwerden im Bett, daneben lagen die Zigaretten. Sie war eine starke Raucherin geworden. Ein Theophyllin-Präparat, feucht-warme Herzkompressen und forcierte Einatmung halfen sofort. Sie brachte die Energie auf, das Rauchen einzustellen und war nach kurzer Zeit bei internistischer Ganzuntersuchung gesund. Nikotin ist tückisch durch die allmähliche Gewöhnung und das Nichtempfinden der Schädlichkeit. Wie soll ein junger Mensch begreifen, daß für ihn schädlich ist, was dem anderen recht gut zu bekommen scheint. Die vielen entgegengesetzten Resultate über die Schädlichkeit des Nikotins haben ihren Grund darin.

Wir kehren zurück zu den Kleinkindern – diesmal des *solaren* Typs. Der kleine Bauchschläfer mag seine Nahrung nicht so warm. Er ißt auch nicht gern große Mengen. Darum sollte er wenigstens viermal täglich Nahrung geboten bekommen. Breie sind schon frühzeitig geeignet für ihn. *Süßspeisen* liebt er, weil er reichlich *Kohlenhydrate* braucht wie *Reis, Gries, Hafer*. Die *Kartoffel* schwemmt ihn auf, und da die Kartoffel mehr *Fett* bei der Zubereitung braucht, ist sie nicht so geeignet zur Ernährung des solaren Typs. Dessen Fettoleranz ist begrenzt und auf *pflanzliche Fette* beschränkt. So hat es uns der Säugling gelehrt. *Öl, Margarine* toleriert er. *Helles Brot, Brötchen, Zwieback* sind ihm leichter verdaulich und nicht stopfend. Dazu *fettarme Milch*. Da der Eiweißbedarf groß ist, gehört hier der *Magerquark* zu den idealen Nahrungsmitteln. Man könnte vor jedes Nahrungsmittel das Wort „*mager*" setzen. Käse als *Magerkäse, mageres gekochtes Fleisch und Fisch*. Auch die *Hülsen-*

früchte mit ihrem hohen Eiweißgehalt werden vertragen, die bei dem lunaren Typ so starken Meteorismus[6] machen.

Aber der einjährige *Ausatmer* verträgt sie schon, denn seine Eiweißverdauung ist gut. Wie wir aus zwei Weltkriegen wissen, können viele Menschen – eben diese – nicht ohne *Zucker* sein. Verzweifelt kochte man selbst aus Rüben Zuckerrübensaft, um den Zuckerhunger zu stillen. Honig ist auch bekömmlich.

Bei den Gemüsen finden wir hier die Abnehmer für *Kohlsorten* aller Art sowie für *grüne Bohnen, grüne Erbsen, Spinat, Tomaten. Gewürze,* die scharf sind und Durst machen, sind zu meiden, da sie stark reizend auf die Magenschleimhaut wirken.

Kalte Speisen werden vertragen und auch grundsätzlich von diesem Typ bevorzugt. Der *Oberbauch* liebt keine Wärme, verträgt aber *Kälte.* So wirkt nicht, wie bei *Wilhelm Busch* gesagt: „Ein heißes Eisen auf den kalten Leib gebracht, hat alles wieder gut gemacht", sondern eine Eisblase bei Gastritis[7] oder Gallenbeschwerden.

Der Magen ist auch *säureempfindlich* und verträgt darum *saure Obstsorten wie Beeren* schlecht. Um so besser aber Steinobst, Feigen, Ananas und die Banane.

Als schädlich kann man die *Karotte* bezeichnen und die *Citrusfrüchte.* Beides zeigt sich bereits beim Säugling und kann beim Kleinkind und Erwachsenen zu Durchfällen führen. Mancher Hautausschlag, besonders in jungen Jahren, hat hier seine Ursache.

Ich hatte neun Geschwister und habe – nach Erlernung dieser Typenlehre – manche Erfahrungen an ihnen auswerten können. So konnte einer von ihnen, geb. 23.5.1906 – ein solarer Typ – nach einer Karottenmahlzeit das Haus aus Angst vor Durchfall nicht verlassen. Umgekehrt bekam ein Bruder, geb. 4.2.1903, ähnliche Schwierigkeiten nach Spinatgenuß, der ihm als lunarer Typ nicht zuträglich war.

Die Kost des Kleinkindes weist bereits die Züge der Erwachsenen-Kost auf. Man sollte sich erinnern, was man als Kind nicht vertragen hat. Gewiß ist der Nahrungsbedarf des Erwachsenen vielseitiger, aber manches wird man nur scheinbar tolerieren, weil wir die heimlichen Schäden am Verdauungstrakt und an der Leber erst später quittiert bekommen – oft im Alter, wenn allmählich sich wieder mehr „kindliche" Verhältnisse einstellen.

---

[6] Gasansammlung im Bauch
[7] Magenentzündung

Der erwachsene *solare* Mensch ist dank seiner größeren Beharrlichkeit, seines besseren Sitzvermögens und seiner Freude am Süßen der Genießer der Kaffeemahlzeit. Für ihn ist Bohnenkaffee ein anregendes und meist bekömmliches Getränk. So sitzen die Damen im gesetzten Alter gern Nachmittag für Nachmittag bei Kaffee und Kuchen und führen beharrliche Gespräche. Aber die *Sahne*!! Sie ist es, die diesen Typ straft für das tägliche Genießen.

Da der *lunare* Typ die Sahne verträgt, aber alles andere nicht, wie das lange Sitzen, den Kaffee und das Süße, so ist im ganzen gesehen der „Kaffeeklatsch" eine ungesunde krankmachende Sitte. So reizvoll eine gemütliche Kaffeestunde ist, so sollte sie dann aber individuell aufgebaut sein: Tee dem einen, Kaffee dem anderen. Und eine kurze Unterbrechung oder Kürzung dieser Gepflogenheit durch Spazierengehen würde weit besser vertragen.

Eine lunare Patientin, die an Kreislaufschwäche litt, sagte sehr traurig: „Nun kann ich ja gar nicht mehr nachmittags gepflegt Kaffee trinken!"
— Nun, sie konnte von nun an gepflegt Tee trinken und erlernte das auch bald mit Freude.

Sind diese Ernährungsratschläge zu streng, engen sie das Leben zu sehr ein? Ich meine, der Gewinn, den eine individuelle Lebensführung bringt, ist so groß durch Wohlbefinden, Lebensfreude und Lebensmut, daß dieser oder jener Verzicht in Essens- und Trinkgewohnheiten eine Kleinigkeit ist. So berichtete mir kürzlich eine Patientin, Frau eines Arztes, die seit Jahren typenrichtig lebt: „Alle meine Bekannten klagen über diese und jene Unpäßlichkeiten, nur ich habe nichts!" Wer die Qualen der Leberkranken, die Reizbarkeit und Lebensunlust der Kreislaufkranken kennt, wird die Dinge richtig abzuschätzen wissen und sich nicht so verhalten wie Herr K., ein solarer Typ. Er rauchte täglich 40 Zigaretten. Dann begann es mit Magenschmerzen, Stauungen im Unterbauch, Oberschenkeln und Füßen. Es wurde der erste Zeh des 34jährigen Mannes amputiert, bald das ganze Bein. Aber er rauchte weiter, die Schädigung des Gefäßsystems nahm zu, bis auch das zweite Bein abgenommen werden mußte. Er war ein solarer Typ, der scheinbar Nikotin verträgt, aber hier wurden die Gefäße im Becken durch Verengung geschädigt. Es kam zu Stauungen, die sich auf den venösen Abfluß der Beine auswirkten.

Hier die Geschichte eines anderen solaren Typs, eines Landwirtes, Herr P. Er versagte zu seinem Kummer immer in der Erntezeit durch schwere Gastritiden — und dies seit 20 Jahren. Wir setzten alle bisher genommenen Medikamente ab, lagerten ihn in Bauchlage, verordneten Eiskompressen auf den Leib und strenge typenrichtige Kost. Nach kurzer Zeit heilte der Magen aus, und er ist seither voll leistungsfähig.

Die von *Hartmann* [7] in seinem Buch „Krankheit als Standortproblem" beschriebenen Beobachtungen, daß seine Patienten jeweils in Bauch- oder Rückenlage verschiedene meßbare Reaktionen zeigten, findet in unserer Typenlehre die Erklärung. Bei der Zusammenfassung unserer berechneten Patienten fällt die 50%-Verteilung der Typenzusammensetzung auf. Dasselbe fand *Frau Schäfer-Schulmeyer* [14] bei der Lateralitätsveranlagung der Menschen und ebenso stößt *Hartmann* bei seinen georhythmischen Untersuchungen auf die Eins-zu-Eins-Relation. In unserer Betrachtung wird diese Relation sich wahrscheinlich außerhalb der gemäßigten Zonen ändern, wie etwa in Äquatornähe.

Ist dies als eine von der Natur bestimmte ausgleichende Verteilung der Kräfte und Gaben zur Erhaltung des biologischen Gleichgewichtes anzusehen? Vielleicht bringen die vielfältigen neuen Untersuchungen über strahlende Kräfte, wie Erdmagnetismus, Gravitation, Magnetismus, elektrische Kräfte oder die des Kosmos, die noch keine Erklärung haben, Licht in das Dunkel der strahlenden Kräfte.

Ich selbst kann nur Erfahrungen mitteilen, die aber, wenn physikalisch bewiesen, große Wirkungs- und Erkenntnismöglichkeiten haben. Die gesamte Natur muß diesen Sonne-Mond-Einwirkungen unterliegen. Beobachtungen an Pferden und Hunden bestätigen uns dies. Wissenschaftliche Untersuchungen im modernen Sinn kosten Zeit und Geld und sprengten den Zeitrahmen einer Praxis.

Beim Lesen des Buches von *Hartmann* [7]: „Krankheit als Standortproblem" stößt man auf die Begriffe W-Typen = Pykniker[8] = Wärmetypen und K-Typen = Astheniker[9] = Kältetypen. Die vielfachen Versuche (siehe *Hartmann*-Tabelle), Menschen in Konstitutionstypen einzuteilen, müssen scheitern, da sie allein Habitus oder Verhalten berücksichtigen, nicht aber die von Geburt an mitgegebenen Voraussetzungen. Typenfalsches Verhalten kann nicht erkannt werden, und es kommt zu Irrtümern und falschen Konsequenzen. Nach unserer Typenlehre können wir typenfalsches Verhalten auf Grund der Typenberechnung erkennen. Eine Belehrung über typenrichtiges Verhalten und Kostplan, sowie eigens für jeden Typ ausgear-

---

[8] Menschen von stämmigem Körperbau
[9] Menschen mit schmalem Körperbau

beitete Übungen helfen, die bestmögliche Lebensform zu finden, auch wenn genetisches Erbe, Erziehung, Umwelt und Lebensnotwendigkeiten Gegenspieler sind.

Tab. 1: Ernährung solar

Grundregel: häufig kleine Mahlzeiten! Fett- und säurearm

	GETRÄNKE			GEMÜSE, OBST			EIWEISS, FETT, KOHLENHYDRATE			GEWÜRZE
	gut	*bedingt bekömmlich*	*schädigend*	*gut*	*bedingt bekömmlich*	*schädigend*	*gut*	*bedingt bekömmlich*	*schädigend*	*schädigend*
ERWACHSENE	wenig trinken nicht heiß magere Milch süße Säfte	Sekt Kaffee Rotwein Bier Malzbier	Tee saure Weine fette Milch Sahne	Spinat Tomaten Kohl grüner Salat grüne Erbsen grüne Bohnen Bananen Steinobst	Kartoffel	Karotte Citrusfrüchte Beerenobst Himbeere	viel Eiweiß Weizen, Hafer weißes Brot Kuchen Nudeln, Reis Grieß Hülsenfrüchte Quark magerer Käse magerer gekochter Fisch mageres gekochtes Fleisch magere gekochte Wurst pflanzliches Fett Zucker, Honig	fetter Käse fetter Quark	Butter Speck Schmalz Säure Citrusfrüchte	scharfe Gewürze
SÄUGLINGE KLEINKINDER	fettarme, süße Milch volladaptierte Milch Soyamilch Muttermilch Honigmilch	teiladaptierte Milch	fette Milch Kondensmilch saure Milch	Spinat Tomate Banane Steinobst	Apfel Birne	Karotte Beerenobst Citrusfrüchte	Magerquark mageres gekochtes Fleisch magerer gekochter Fisch Eier			

33

Tab. 2: Ernährung lunar

	GETRÄNKE			GEMÜSE, OBST			EIWEISS, FETT, KOHLENHYDRATE			GEWÜRZE
Grundregel: drei große, kräftige Mahlzeiten (viel Säure) – nicht kalt										
	gut	bedingt bekömmlich	schädigend	gut	bedingt bekömmlich	schädigend	gut	bedingt bekömmlich	schädigend	gut
ERWACHSENE	viel trinken Apfelsaft Citrusfruchtsaft Mineralwasser Tee Sahne	Milch Weißwein Sekt	Bohnenkaffee Rotwein Bier süße Säfte kalte Getränke	Kartoffel Karotte Kohlrabi Sellerie Rosenkohl Blumenkohl Mais Gurke Apfel Citrusfrüchte	Steinobst grüne Erbsen grüne Bohnen Spinat Tomate	Kohl Hülsenfrüchte	Roggen dunkles, saures Brot tierische Fette: Butter, Speck Schinken gebratenes oder geräuchertes Fleisch, Fisch, Wurst Spiegelei Eigelb viel Suppen	Reis Nudeln Grieß Obstkuchen	Weißbrot und dergl. fettarmer Quark gekochtes Fleisch gekochter Fisch Zucker aller Art pflanzliche Fette Öl Margarine	viel Gewürze Pfeffer Senf
SÄUGLINGE KLEINKINDER	saure, fette Milch Kondensmilch Normalmilch Muttermilch	teiladaptierte Milch Steinobst Tomatensaft	volladaptierte Milch magere Milch süßangereicherte Milch	Kartoffel Karotte Kohlrabi Salat Zitronentropfen Apfelsine Apfel Banane	grüne Erbsen	Spinat Kohl Hülsenfrüchte	Kartoffelmehl Maismehl Eigelb		Hafer pflanzliche Fette	

34

Umwelt, Erbfaktoren − Lunar

„Daß auch biologische Uhren des Menschen durch kosmische Phänomene gesteuert werden, weiß man schon seit geraumer Zeit", schreibt *Gauquelin* [6] in seinem Buch: „Die Uhren des Kosmos gehen anders." Betrachtungen und Untersuchungen über die Verschiedenheiten rhythmischen Verhaltens sind viele angestellt worden, weil die daraus resultierenden sozialen, ökonomischen und medizinischen Folgen sehr groß sind. Mir scheint, daß es ein großer Fortschritt ist, nunmehr berechnen zu können, zu welchem Typ − Früh- oder Spätschläfer − ein Mensch gehört und welches sein Tagesrhythmus ist. Ohne diese Berechnungen kann Umgewöhnung dem Menschen Rhythmen aufzwingen, die in der Folge zu Gesundheitsschäden mancher Art führen. *Rensing* [13] berichtet von Rhythmusstörungen mit Leistungsveränderungen im tagesrhythmischen Verlauf bei Tag- und Nachtarbeitern oder Früh- und Spätaufstehern. Eine beliebige tagesrhythmische Funktion, wie etwa der Muskelinnendruck, erreicht im ersten Fall (Frühaufsteher) schon um 9.00 Uhr, im zweiten Fall (Spätaufsteher) erst um 17.00 Uhr sein Maximum. Der erste Fall, der Frühaufsteher, wäre nach unserer Lehre der *solare* Typ, der zweite der *lunare*. Letzterer hat auch nach unseren Erfahrungen sein Leistungsmaximum nachmittags und abends. Es ist der Spätaufsteher, dessen beste Schlafenszeit der Morgen bis gegen 8.00–11.00 Uhr ist. Studenten werden in der Examenszeit spüren, wann sie ihr Leistungsmaximum haben, denn geistige Höchstleistung läßt sich schwer über längere Zeit gegen die individuelle Veranlagung erzwingen.

Gelegentliche Verstöße gegen die innere Uhr werden − wie auch *Rensing* [13] betont − nicht zu ernsteren Störungen führen, aber ein falscher Dauerrhythmus schädigt sehr. Wie man laut *Rensing* beim Ablesen von Meßgeräten festgestellt hat, kommt es zu tagesrhythmischem Leistungsabfall. Wenn, wie jetzt allgemein bekannt, manche Enzyme in ihrer Synthese vom Tagesrhythmus abhängig sind, so läßt sich vorstellen, wie schädlich sich eine Änderung des individuellen Rhythmus „auf die Organe auswirken muß. Umgekehrt läßt sich sagen, wie wohltuend die Kenntnis des eigenen Rhythmus" und Typs sein muß.

Klimatisch haben wir für den *lunaren* Typ, bei dem *Herz und Lungen* nach dem dehnenden Prinzip arbeiten, die besten Bedingungen im *feucht-warmen Klima* wie in Meeresnähe, an Seen und Flüssen, in Niederungen mit Laubwald. Die erfolgreiche Verschickung von Patienten hängt davon ab. Wie ich in jahrelangen Beobachtungen in einem Seebad feststellen konnte, war der beste Kurerfolg bei lunaren Kindern zu erzielen, wenn keine zu starke Sonnenstrahlung und „schlechtes Wetter" mit Regen war.

Das Gebirge ist für den *lunaren* Typ eine Belastung. Ab 400 Meter bis 1500 Meter etwa wird er keine rechte Erholung finden, wie viele nach einem Gebirgsaufenthalt feststellen mußten. Kreislaufschwache Lunatiker können dort böse Erfahrungen machen. Ich selbst − als lunarer Typ − konnte bei Fahrten in den Harz ab 400 Meter stets Kopfschmerzen registrieren, Erscheinungen, die mit dem Älterwerden und mit geringerer Toleranz des Kreislaufes naturgemäß noch stärker auftreten.

Ein lunarer Patient, der sich gegen unseren Rat im Harz ein Haus baute, mußte dies wegen Kreislaufstörungen wieder verkaufen und lebte fortan an der spanischen Küste in wachsender Genesung.

Warum ab 1500 Meter Höhe die Bedingungen wieder günstiger sind, müßte genauerer Forschung unterzogen werden. Noch ist es Erfahrung.

Die *Warmhaltung* des gesamten Körpers ist für den *lunaren* Typ sehr wichtig wegen seiner ausgedehnten Wärmezonen. Das Gesicht dagegen sollte man vor intensiver Sonnenstrahlung schützen. *Augen und Nebenhöhlen* lieben die Sonne und grelles Licht nicht. Der Hals kann, da er eine Kältezone wie das Gesicht ist, abgehärtet werden (siehe Kapitel Dehnungs- und Verengungszonen).

Die Zimmertemperatur wird als angenehm empfunden, wenn sie gut warm ist, und für das Bett werden Federn oder Wolldecken wohltuend sein. Die *Ohren* gehören jeweils zum *Hinterkopf*, das bedeutet hier zur Wärmezone, darum müssen sie mit dem Hinterkopf warmgehalten werden.

Hier sei eine Anmerkung gestattet: In der chinesischen Akupunktur gibt es eine Richtung, die nur mit dem Ohr arbeitet und meint, alle Organe im Ohrmuschelbereich in „Points" erfassen zu können. Immerhin wird eine 2000 Jahre alte Methode sich nicht ohne Berechtigung erhalten haben. Das Ohr ist stark durchblutet und von zahlreichen Nerven durchzogen. In unserer Biologie wird dem Ohr keine solche Bedeutung beigemessen, aber die Nähe zum Gehirn macht die Ohren doch zu einem sensiblen Organ.

Es ist nicht einerlei, ob man bei Ohrenaffektionen[1] mit Wärme hinter dem Ohr behandelt oder vor den Ohren, wie ich bei zahlreichen Mittel-

---

[1] Krankheitsbefall des Ohres

36

ohrentzündungen feststellen konnte. Das Ohr gehört zum Bereich des Hinterkopfes und muß entsprechend behandelt werden.

Der Schlaf ist ein wichtiger Teil unseres Lebens. Während dieser kostbaren Zeit sollten wir entspannen und durch chemische und nervliche Umstrukturierung neue Kräfte sammeln. Die *Rückenlage* ist die entspannendste Lage des *Lunatikers*. Herz und Lunge sind dabei am dehnungsfähigsten und die Einatmung am ergiebigsten. Die rechte Seitenlage ist auch möglich, weil sie die Herzgegend frei von Druck läßt. Von warmen Decken sprachen wir schon. Mancher Säugling schläft erst ein, wenn er wohlig-warm zugedeckt ist. Er hat nicht das Bedürfnis des Bloßstrampelns, wie sein solarer Gegenspieler. Warme Bäder vor dem Schlaf sind gut und eine besondere Wohltat, wenn anschließend die *Kältezonen* (Hals, Gesicht und Becken) kalt gewaschen werden. Es kommt zu einer intensiven Durchblutung des Körpers.

Täglich sollte ein Spaziergang ermöglicht werden. Das motorische Zentrum liegt in der *Warmzone Hinterkopf* und möchte angeregt werden. Es ist der Motor des *Lunatikers*, den Frau *Schäfer-Schulmeyer* [14] als *Bewegungstyp* bezeichnet, im Gegensatz zum *Steh- oder schreitenden Typ*. Je mehr Anregung das Gehirn hat, um so besser ist seine Durchblutung und um so besser das Allgemeinbefinden des Bewegungsmenschen. Darum ist eine sitzende Lebensweise für diese Menschen sehr ungünstig. Er braucht dann unbedingt Ausgleichssport oder Spaziergänge − nicht aber das Autofahren.

Die *Gangart* beim Spaziergehen haben wir bereits kennengelernt. Mit nach *vorne gebeugtem Oberkörper, fersenbetont, mit kurzen schnellen Schritten und rhythmisch linksbetont,* − so geht er sich in frohe Stimmung. Um fersenbetont gehen zu können, benötigt er flache Absätze. Ein normaler Lunatiker steht Qualen in Schuhen mit hohen Absätzen aus. Treibt die Eitelkeit doch dazu, so rächt sich dies in Rücken- und Kopfschmerzen bis hin zu organischen Krankheiten. Ein flotter Gang in typenrichtiger Weise ist der Ausdruck einer fröhlichen, selbstsicheren seelischen Situation − ein Spiegel der inneren Verfassung.

Auch der Sport sollte möglichst dem Typ entsprechen, vor allem der Hochleistungssport. Ist dieser in seiner Hauptforderung typenwidrig, so ist er schon manchem zum Verhängnis geworden. Dies wäre ein Feld der Sportphysiologie. So wird im Schwimmen in Rückenlage Besseres durch die erleichterte Einatmung zu leisten sein. Das Gleiche kann man vom Rudern sagen. Beim Tennis wird das schnelle Reagieren im Laufen und der kräftige Rückhandschlag Vorteile erbringen. So läßt sich jede Sportart prüfen, wo ihre besondere Typenzuständigkeit liegt.

Wenden wir uns noch einmal den Kleinsten zu. Das soviel propagierte Kriechen ist nicht für diesen Typ, weil es ein Hohlkreuz forciert, das sich später schädlich auswirken kann. Sitzen diese Kinder obendrein mit nach hinten geschlagenen Unterschenkeln, so verformt sich die Wirbelsäule in typenfalsche Krümmungen, die sich später in Wirbelsäulenschäden manifestieren. Es kann zu Verdauungsstörungen, Nierenleiden und ähnlichem kommen. Günstiger ist es, diesen Kindern das Rutschen auf dem Gesäß nach vorn beizubringen. Viele von ihnen neigen ohnehin dazu, sich vom Liegen in den Stand hochzuschnellen. Im Sitzen stört uns bei ihnen die „Sitzkyphose[2]" nicht, da sie für diesen Typ physiologisch ist und eine Gegenkrümmung im Halsbereich hat. Diese Wirbelsäule wird im Endeffekt „gerade" sein. Die richtige Kopfhaltung mit leichtem Opistotonus[3] erlernen die Kleinkinder gut, wenn man ihnen ein Mobile über dem Kopf aufhängt, das sie veranlaßt, nach oben zu sehen. Zusätzlich regt die Bewegung des Mobile ihre eigene Bewegungsfreudigkeit an.

Von Schulärzten wird der sogenannte Rundrücken generell bei allen Kindern gerügt, da bislang keine Typenverschiedenheit berücksichtigt werden konnte. Das hat für die lunaren Kinder schlechte Folgen, da sie als haltungsschwach bezeichnet und sogar manchmal mit einem Gipsbett bedacht werden. Sie haben aber keinen Rundrücken im pathologischen Sinn, also keine fixierte Kyphose, sondern ein im Stehen durch Hohlkreuz ausgleichbaren Rundrücken. Wehe, wenn diese Kinder durch ausgearbeitete Rückenlehnen zum Sitzen im Hohlkreuz gezwungen werden. Ihre Aufmerksamkeit ist gestört, sie fühlen sich schlecht und wissen nicht, warum. Da der andere Typ sich in dem gleichen Gestühl wohlfühlt, kommt es bei den Schulbehörden zu dem häufigen Wechsel der „richtigen" Lehnen zur Modernisierung der Sitzhaltung. In der Eisenbahn finden wir Kopfstützen, die den Kopf zwingen, nach vorn gehalten zu werden. Autostützen aller Art werden konstruiert, verworfen; − Kirchenstühle werden geändert.

Der aufmerksame Beobachter merkt, daß die ideale Rückenlehne noch nicht gefunden wurde und auch nicht gefunden werden kann, solange nicht typenverschiedene Konstruktionen angeboten werden.

---

[2] Rückgratverkrümmung nach hinten
[3] leichte Rückwärtsbeugung des Kopfes durch Anspannung der Rückenmuskulatur

Meine Großmutter − ein solarer Typ − konnte im Alter von 80 Jahren ohne Anlehnen im Eisenbahnabteil von Bremen nach Schlesien fahren, Halt findend aus eigener Rückenkraft, im Hohlkreuz ruhend.

Ihre Empfehlungen an ihre Enkel, ebenso Selbstdisziplin zu haben, nutzten nicht jedem, weil ein lunarer Mensch gar nicht in der Lage ist, über Stunden ohne Rückenhalt zu sitzen. Im Gegenteil, seine Atmung ist durch das Sitzen mit rundem Rücken erleichtert. Er hat das Bedürfnis, seine Beine hochzulegen, um das Kreuz noch mehr zu runden.

Um Schreibarbeitern Unbehagen und Kopfweh zu ersparen, muß man Sorge tragen, daß die Halswirbelsäule eine Neigung dorsalwärts hat. Das geschieht am besten mit Hilfe eines Pultes, entweder zusätzlich auf dem Tisch aufmontiert oder durch schräge Schreibunterlage und niedrigem Sitz.

Eine Studiendirektorin, Frau *H.,* hatte vor dem Abitur wochenlang mit Korrekturen von Aufsätzen zu tun. Nach jedem Abitur gab es einen nervlichen Zusammenbruch mit Ohnmachten und Kreislaufschwäche. Als sie aber lernte, mit hochgelegten Beinen und richtiger Kopfhaltung zu arbeiten, entsprechend ihrem lunaren Typ, überstand sie diese Zeiten ohne den bösen Nachklang. Ein Pultaufbau half beim Schreiben und Lesen. Bei ihr war durch eine falsche Kopfhaltung die Durchblutung des jetzt besonders beanspruchten Gehirns blockiert worden.

Einer ihrer Kollegen gleichen Typs bekam durch zu vieles und falsches Sitzen mit Hohlkreuz und nach hinten gebogenen Knien Magen- und Leberstörungen, die ihn ergebnislos zu den verschiedensten Spezialisten führten. Die Ursache konnte auch hier durch Änderung der Sitzhaltung beseitigt werden. Beide Kollegen brauchten notwendig das Spazierengehen zum Ausgleich für das viele Sitzen.

Denken wir an Putzfrauen dieses Typs, die ständig gebückt Fußböden bearbeiten müssen, oder Landarbeiterfrauen, die soviel in gebückter Haltung werken müssen, dann versteht man, daß viele dieser Frauen so frühzeitig verbraucht und alt aussehen. Es wäre interessant, jeweils die Typenberechnung bei ihnen zu machen − wie ich es in einigen Fällen tun konnte.

Unser Körperbau ist zunächst eine ererbte Gegebenheit. Hat der *lunare* Typ Glück, so sind seine *Dehnungszonen breit* und kräftig angelegt, mit einem gut geformten Hinterkopf, breitem Thorax und kräftigen Extremitäten. Das Becken kann schmal sein. Ist es zu breit und kräftig, so entzieht es anderen Organen, die auf gute Durchblutung bei diesem Typ angewiesen sind, zuviel Blut.

Warum gedeiht das eine asthenische Kind gut und wird als „zäh"
bezeichnet, während das andere als zartes Wesen gestempelt wird? Nun,
der asthenische Habitus paßt nicht zu den Lebensfunktionen des lunaren
Typs. Der Pykniker mit breitem kräftigen Brustkorb, mit kräftigen Muskeln, Knochen und Gelenken kann dem Bewegungsdrang gerecht
werden.

Die Füße sollten breit und kurz sein, um einen guten Fersengang zu
unterstützen. Ein schlanker Hals und das schlanke Becken schaffen gesunde, ansehnliche Proportionen.

Tab. 3: Körperhaltung
Solarer Typ = Ausatmer = Sonnentyp = Stehtyp = Statischer Typ

	LIEGEN	SITZEN	GEHEN	STEHEN	KOPFHALTUNG
ERWACHSENE	Bauchlage: auf harter Unterlage, Kopf ist nach rechts gedreht und liegt auf kleinem Kopfkissen, Oberarme angewinkelt, dabei ist Schulter- und Rückenmuskulatur entspannt, Beine leicht nach außen gedreht linke Seitenlage Frischluft von der Seite oder von hinten	schmale Sitze mit gerader Lehne, Anlehnen nicht notwendig, da die Wirbelsäule im Hohlkreuz Halt hat Hohlkreuz wird erleichtert durch nach hinten angewinkelte Unterschenkel, oder Füße halten von innen gegen die Stuhlbeine (bei weichen Polstern möglichst Beine unterschlagen wie im Damensattelsitz) Position auf Stuhl mit geradem Rücken und Hohlkreuz, Kopf hängt leicht, Hals leicht nach vorn gebeugt oder Kniehockstellung mit Hohlkreuz	von der Ferse abschnellend zur Spitzenbetonung mit vorgeschobenem Becken elastisches Gangbild, große ruhige Schritte aufwärts kleine, schnelle Schritte	linksbetont = Standbein links Oberkörper leicht nach vorn geneigt mit rundem Rücken (der Stand ist die einzige Position ohne Hohlkreuz) Arme leicht angewinkelt, Beine in den Knien locker, elastisch Hocken: auf dem Vorderfuß mit Spitzenbetonung	Kinn leicht nach vorn geneigt, Halswirbelsäule leicht nach vorn gebeugt
SÄUGLINGE KLEINKINDER	Bauchlage: leicht gespreizte Beine mit leichter Außenrotation der Füße, Oberarme angewinkelt zur Seite linke Seitenlage mit Kopf auf der linken Wange nach dem Licht sehend	Sitzen frei im Hohlkreuz ruhend Fersensitz (Kniehockstellung) mit Hohlkreuz, Füße nach hinten gestreckt	Beginn gern mit Spitzengang, Hohlkreuz, Fußspitzen leicht abduziert	häufig vom Liegen direkt in den Stand frühes, sicheres Stehen mit elastischem Wippen in den Knien Fortbewegung: Krabbeln auf Knien und Händen	

41

Tab. 4: Körperhaltung
Lunarer Typ = Einatmer = Mondtyp = Bewegungstyp = Dynamischer Typ

	LIEGEN	SITZEN	GEHEN	STEHEN	KOPFHALTUNG
ERWACHSENE	Rückenlage Kopf ohne Kissen, Arme seitlich gestreckt, Handflächen zeigen nach unten rechte Seitenlage Beine im Knie leicht angewinkelt, Arme seitlich gestreckt oder Unterarme leicht angewinkelt Gesicht dem Luftzug zugewendet mildes Licht	angelehnt mit rundem Rücken im Brustkreuz- und Lendenwirbelbereich, locker nach vorne gestreckte Beine mit aufgestellten Füßen, Beine eventuell hochliegend Halswirbelsäule nach hinten geneigt, Kopf angehoben Einatmung optimal	Oberkörper leicht nach vorn gebeugt, Kopf geradeaus, Arme locker hängend und rhythmisch mitschwingend Tendenz: fersenbetont, linksbetont Schritte sind klein, aber schnell bergauf ruhig, langsam Treppen mit viel Einatmung	rechtsbetont Becken leicht nach vorn geschoben linker Fuß schrittbreit neben oder hinter der Standlinie des rechten Beines	Kinn gerade Hals leicht nach hinten gebogen
SÄUGLINGE KLEINKINDER	Rückenlage, wenn Kopf bereits gehalten wird rechte Seitenlage Unterarme werden entspannt nach oben gehalten Beine locker angezogen keine Außenrotation	angelehnt mit rundem Rücken, Kopf leicht nach hinten geneigt, Knick nach hinten Fortbewegung durch Vorwärtsrutschen auf dem Gesäß, mit Anziehen und Abstoßen der Beine	Beginn auf ganzer Fußsohle Füße geradeaus gesetzt	beim Laufenlernen von vorn halten	

Umwelt, Erbfaktoren – Solar

Der Frühaufsteher – ist er fleißiger als der Spätaufsteher? Das erscheint vielen Menschen so. „Morgenstund hat Gold im Mund" heißt ein viel zitiertes Sprichwort. Der Bauer ist gezwungen, in Abhängigkeit von Wetter und Tieren früh aufzustehen. Manch anderer ist ebenfalls aus ökonomischen oder anderen Notwendigkeiten dazu gezwungen, wie auch die meisten Hausfrauen.

Ist die innere Uhr auf Frühaufstehen gestellt oder – von unserer Sicht gesehen – gehört man zu dem *solaren* Typ, so wird das Frühaufstehen nicht schwerfallen und man sich dabei gesund und leistungsfähig fühlen. Dies aber trifft für den lunaren Typ nicht zu. Es ist kein Anlaß zu Lob oder Kritik gegeben, wie die Typenlehre ja keine Wertigkeiten enthält, sondern die individuellen Gegebenheiten und die daraus folgenden Möglichkeiten aufzeigt.

Es geht um die Anlagen des Menschen. Was er selbst daraus macht, das untersteht seiner Willensfreiheit. Stimmen diese Anlagen mit seinem Erbgut und seiner Umwelt überein, so wird er gut dran sein. Unser Leben wird bestimmt durch diese Anlagen sowie durch unser Erbgut, unsere persönliche Freiheit und das Schicksal als ein Faktor unserer Umwelt. Nutzt ein Mensch seine Anlage als Frühaufsteher, so wird seine Arbeitskraft erhöht sein, seine Gesundheit wird es ihm danken, er kann froh den frühen Morgen mit seiner Schönheit und Ruhe genießen. Seine Leistungen werden entsprechend gut sein – dies alles ist sein freier Wille und selbst errungenes Glück. Glauben wir nicht mehr an diese individuelle Freiheit, selbst wenn sie keine unbedingte mehr sein kann, so berauben wir die Menschheit eines ihrer kostbarsten Güter. Notwendigkeiten, Zivilisation, Schicksal sind Gegenspieler dieser Freiheit, denen man mit seiner Individualität entgegentreten sollte.

Ein Familienleben ist im Alltag leichter zu meistern, wenn Typengleichheit herrscht. Das bedeutet, daß Ernährung und Gewohnheiten im Gleichklang stehen. Ist das nicht der Fall, so sind die übergeordneten menschlichen Charaktereigenschaften und Tugenden dazu da, die Alltagsklippen verständnisvoll zu überbrücken.

Das *Klima* des *solaren* Typs sollte ein trockenes sein, wie in Hochebenen, Nadelwald, Mittel- und Hochgebirgen. Die beste Höhenlage ist zwischen 600 und 1500 Metern. Das Wüstenklima wird nur diesem Typ bekömmlich sein, da der verengende Einfluß der Trockenheit und der Sonne hier extrem groß ist.

Haben wir naßkalte Winter, so kann man bei Kindern dieses Typs einen deutlichen Leistungsabfall in der Schule beobachten, der Eltern in Erstaunen setzt, weil im Sommer die Leistungen doch so gut waren. Man kann sie beruhigen, daß im folgenden Sommer die Leistungen wieder ansteigen werden.

Lebt jemand im falschen Klima, so sind körperliche Abhärtungen durch kalte Waschungen oder Freibäder ein kleiner Ausgleich, besonders, wenn diese ergänzt werden durch anschließende Waschungen der *Warmzonen* mit warmem Wasser: also Gesicht, Hals und Becken. Der Hinterkopf als Kaltzone muß gegen zu starke Besonnung geschützt werden. Bei krampfgefährdeten Kindern ist die *Besonnung des Hinterkopfes* manchmal die auslösende Ursache eines Krampfes.

Hartwig H., geb. 26.9.1960, solarer Typ, bekam am 11.5.1966 einen Anfall mit plötzlicher Sprachstörung und Gaumensegellähmung. Es fand sich im EEG eine herdförmige Störung. Er wurde medikamentös behandelt, aber insbesondere mit einer Übungsbehandlung, wie sie später beschrieben werden wird. Er war nur im Hochsommer krampfbereit, wenn er bei Hitze ohne Kopfbedeckung bei landwirtschaftlicher Arbeit half, zum letzten Mal im Juni 1972. Seither störungsfreies Gedeihen.

Der *Bewegungsdrang* ist gering, weil der Hinterkopf mit den motorischen Zentren eine *Kaltzone* ist und weniger durchblutet sein sollte als bei dem lunaren Typ. Wohl kann Temperament einen Bewegungsdrang vortäuschen, oder dieser kann durch Fehlverhalten gesteigert sein, aber der gesunde solare Typ liebt das *Ruhende, Beharrliche*.

Ein Landwirt wurde nach seinen Tieren gefragt, als er als solarer Typ errechnet worden war. Selbst erstaunt gestand er, daß er sie alle abgeschafft habe und nur noch Maschinen habe. Gewiß mußten dies im Trend der Zeit viele Landwirte tun, dieser aber mit deutlicher Abneigung gegen Getier, weil ihm die mit Bewegung gekoppelte Fürsorge für die Tiere unbewußt unangenehm war.

Auffallend ist bei diesem Typ die Freude an *kräftigen Farben*, besonders rot und blau. – Die Pastellfarben werden von dem anderen Typ bevorzugt. – Das *Auge* des *solaren* Typs liegt in der Warmzone im gutdurchbluteten Gesicht und ist daher leistungsfähiger im Erfassen der Dinge. Diese Kinder lieben Farbenspiele und werden bei den Spielen, die vom Auge ein schnelles Erfassen verlangen, immer Sieger sein, wie wir in fröhlicher Runde oft festgestellt haben. Sie erfassen auch die *Einzelheiten* in einem Raum schneller.

Kopftuch, Tropenhelm, Strohhüte sind keine Modesachen, sondern Notwendigkeiten zum Schutze des hitzeempfindlichen Hinterkopfes, sonst hat der solare Typ mit seinen ausgedehnten Kaltzonen kein großes Wärmebedürfnis. Nachts genügen ihm leichte Decken. Ein warm zugedeckter Säugling dieser Art wird alles daransetzen, sich freizustrampeln. Und jene Herren, die bei Zusammenkünften als erste sich ihrer Jacken entledigen, gehören gewiß zu diesem Typ. Sie lieben aber den warmen Schal, weil er dem wärmebedürftigen Hals Schutz gibt. Kinder und Frauen sollten bei sonst leichter Bekleidung immer ihr Becken warm halten, da die Neigung zu Blasen-, Nieren- und Unterleibserkrankungen in dieser Warmzone gegeben ist.

Die Schuhe haben Absätze, auch beim Mann. Der *Absatz* unterstützt beim Gehen das Hohlkreuz, läßt die Knie in lockerer Haltung und ermöglicht die bessere *Spitzenbetonung im Gang* dieses Typs. Auch das *Vorschieben des Beckens* ist damit erleichtert. Wir kennen diesen Gang als Mannequingang. Eine *andere Position bekommt die Wirbelsäule beim Stehen*: Statt Hohlkreuz haben wir einen *Rundrücken*. Das *Standbein* ist links.

Wie gut es ist, um diese Dinge zu wissen, mag an einem Fall demonstriert werden. Silke L., 11 Jahre, solarer Typ, bekam plötzlich eine Kypho-Skoliose im Brustwirbelbereich[1]. Sie wurde auf Rat eines Orthopäden mit Massage und Glissonschlinge[2] behandelt. Sie schlief in Rückenlage. Nach einiger Zeit begann Silke zu hüsteln, grimassieren und ließ in der Schule sehr nach. Als sie mir mit diesen Beschwerden vorgestellt wurde, machte sie einen sehr elenden, verzweifelten Eindruck. Hüsteln und Grimassieren fielen sofort auf. Die Kyphoskoliose bestand nach wie vor. Wir ließen sie sofort mit der Glissonschlinge aufhören, denn durch das forcierte Durchbiegen der Halswirbelsäule nach hinten waren offensichtlich Hirnnerven gereizt worden und die Durchblutung des Kopfes verändert. Die Rückenmuskulatur war in der Rückenlage nicht entspannt, sondern angespannt worden und konnte sich somit nicht kräftigen. Silke erlernte die solare Übungsbehandlung und war davon so beglückt, daß sie sie völlig selbstständig machte. Sie wurde wie-

---

[1] Buckelbildung bei gleichzeitiger seitlicher Rückgratverkrümmung
[2] Kopf- und Schultergurt zur Streckung der Wirbelsäule

der fröhlich, Hüsteln und Grimassieren hörten auf und die Versetzung war gewährleistet. Aus familiären Gründen war sie danach zu den Großeltern in eine andere Stadt verzogen, wurde dort eingeschult und machte zur Freude der Eltern auch dort die Übungen gewissenhaft. Aber man hatte ihr empfohlen, den schweren Schulranzen immer auf dem Rücken zu tragen, was wiederum die obere Brustwirbelsäule und Halswirbelsäule nach hinten riß, so daß das alte Leiden sich allmählich wieder einstellte. Nach Aufklärung der Dinge ließ sich der Schaden diesmal aber schnell wieder beheben. Die beim Kopfschütteln zunächst geklagten Kopfschmerzen verschwanden bald wieder. Es ist also auch das Tragen der Schultaschen auf dem Rücken nicht schablonenhaft anzuwenden.

Das Stehen auf dem *Standbein links*, mit dem leicht nach vorn gebeugten Oberkörper fällt leicht, was zum Beispiel wichtig ist für Diplomaten bei dem langen Stehen bei Empfängen oder für Operateure dieses Typs, die mit angespanntem Vornübergebeugtsein stundenlanges Stehen aushalten müssen. (Dies ist für den lunaren Typ oft sehr belastend, Krampfadern und schnellere Ermüdung zeigen dies.) Indessen ist der „Stehtyp", wie wir ihn mit Frau *Schäfer-Schulmeyer* [14] nennen wollen, günstig ausgestattet, wenn er einen feinknochigen, schmalen Körperbau hat, wie wir ihn beim Astheniker finden, dabei mit kräftigem Becken. Ein schmaler Brustkorb begünstigt die für den Stehtyp so wichtige *Ausatmung*.

Ein Patient solaren Typs wurde mit 40 Jahren Vollrentner, weil er durch Asthma bronchiale bereits ein Emphysem[3] hatte. Dieser Mann hatte einen enorm breiten Brustkorb und wurde zusätzlich ständig mit Inhalationstherapie behandelt. Um das Maß voll zu machen, schlief er auch noch in Rückenlage. Ich konnte ihm an Hand von Bauchlage und Ausatemübung schnell beweisen, wo anzusetzen wäre, aber er war zu sehr in der Mühle von Vertrauensärzten und Rententrägern, um subjektiv noch ein Interesse an Heilung zu haben. So behandelte ich nur seine Kinder.

Im Sport sei in erster Linie das Brustschwimmen mit der verlängerten Ausatmung genannt, die sich auch beim Tauchen günstig erweist. Beim Bergsteigen wirkt sich die Ausatmung günstig aus, auch ist die Elastizität der Gelenke ein erleichternder Faktor beim Aufstieg. Abwärts zu gehen fällt diesem Typ mit der starken Beanspruchung der Unterschenkel

---

[3] Lungenblähung

schwerer. Skilaufen ist sehr beliebt. Einmal wegen des Aufenthaltes in Höhen, ferner wegen der Möglichkeit, die Gelenke in ihrer ganzen Beweglichkeit zu beweisen.

Sportphysiologisch wäre es von größtem Interesse, Fragen dieser Art nachzugehen und zu typisieren, in welchem Sport sich der einzelne dauerhaft bewähren kann. Warum zum Beispiel liegt dem *solaren* Typ der Hochsprung und dem *lunaren* der Weitsprung?

Nach dem Vorhergesagten würde man viele neue Erkenntnisse sammeln können. Ich denke auch an Reiter und an Pferde, die möglichst vom gleichen Typ geritten werden sollten.

Es gibt so manchen Hochleistungssportler, der sich gesundheitlich überfordert, nach unseren Erfahrungen immer dann, wenn er nicht die richtige Sportart gewählt hat.

In den beiden folgenden Kapiteln will ich Übungen schildern, die eigens für jeden Typ erarbeitet sind, weil sie die jeweils richtige Atmung verlangen und unterstützen und dadurch eine unerhörte Wirksamkeit haben, vor allem zur Prophylaxe oder Heilung kranker Situationen oder auch zur allgemeinen körperlichen Kräftigung. Es gibt keine andere Form der Körperertüchtigung, die in so kurzer Zeit gleiches leisten kann. Das Finden der individuellen Atemform mit der daraus resultierenden Entspannung und Durchblutung ist eine schnell empfundene Wohltat.

Tab. 5: Begünstigende Umwelt- und Erbfaktoren Solar

	KLIMA, LANDSCHAFT TEMPERATUR, FEUCHTIGKEIT	KLEIDUNG, KÖRPERPFLEGE	BERUF, SPORT, ALLTAG	IDEALER KÖRPERBAU UND ERBANLAGEN	SPIELE, LERNVERHALTEN
ERWACHSENE	heißes und kaltes Klima, aber in jedem Fall trocken Mittel- und Hochgebirge, Hochebene, in 500 bis 2000 m Höhe Nadelwald Zimmertemperatur niedrig	leichte Leinenbekleidung an Oberkörper, Armen und Beinen farbenfrohe Bekleidung Schuhe: Absätze erhöht als Bettdecken leichte Decken an Oberkörper, Armen und Beinen kalte Waschungen und Duschen zum Abhärten anschließend Warmwäsche von Gesicht, Hals und Becken Hinterkopf empfindlich gegen zu starke Besonnung, Kopfschutz tragen	Frühaufsteher Leistungsmaximum in den frühen Morgenstunden Leistungsabfall im Winter Sport: Schwimmen, Segeln, Hochsprung, Ballett, Tennis Beruf: günstig sind ruhige Tätigkeiten, Beharrendes schaffend ungünstig sind bewegliche Tätigkeiten mit viel Platzwechsel	feinknochig schmaler Brustkorb kräftiges Becken	
SÄUGLINGE KLEINKINDER	Zimmertemperatur unter 20 °C Luft trocken	Bäder mit nachfolgenden kalten Abreibungen von Oberkörper, Armen und Beinen Hinterkopfschutz gegen Sonne			analytische Lernweise Farbspiele mit kräftigen Farben Bausteine

Tab. 6: Begünstigende Umwelt- und Erbfaktoren Lunar

	KLIMA, LANDSCHAFT TEMPERATUR, FEUCHTIGKEIT	KLEIDUNG, KÖRPERPFLEGE	BERUF, SPORT, ALLTAG	IDEALER KÖRPER-BAU UND ERBANLAGEN	SPIELE, LERNVERHALTEN
ERWACHSENE	feucht-warm Niederungen, Waldgebiete, Inseln, Küsten, Täler Gebirge ab 1500 m aufwärts Zimmertemperatur gut warm, nicht trocken keine Fußkälte	warme Wollbekleidung an Oberkörper, Armen und Beinen, Becken leicht bekleidet Kopfbereich: Ohren und Hinterkopf warm, Hals frei, bei Sonne Schutz mit Schirm gegen Besonnung von Stirn und Augen Schuhe: flache Absätze, weiche Sohlen als Betdecke: Wolldecke oder Federn Abhärtung von Gesicht, Hals und Becken durch kalte Waschungen, den übrigen Körper warm waschen	Spätaufsteher Leistungsmaximum abends Leistungssteigerung bei zunehmendem Mond Sport: Rudern, Tennis, Wurfsport, Weitsprung, Langlauf, Rückenschwimmen günstig im Beruf: bewegungsreiche Tätigkeiten ungünstig ist sitzende, bewegungsarme Lebensweise	kräftiger Körperbau mit kräftigem Brustkorb, Becken schmal, Hals kurz gut ausgebildeter Hinterkopf	
SÄUGLINGE KLEINKINDER	Zimmertemperatur gut warm, Luft feucht	warme Bäder, Kaltwaschungen von Gesicht, Hals und Becken Wolldecken und Federbetten Wollmütze keine starke Besonnung			synthetische Lernweise bewegliche Spiele, Mobile über dem Bett als Fortbewegung gut ist Rutschen im Sitzen, schlecht ist Kriechen und Spitzengehen

Gemeinsamkeiten der Übungen

Sämtliche Übungen entstammen im Prinzip den genialen Gedankengängen von *Erich Wilk* [18]. **Sie sind nur unter Anleitung von geschulten Kräften erlernbar und müssen individuell angepaßt werden.** Wir unterscheiden scharf zwischen den Übungen für den *lunaren Einatemtyp* und für den *solaren Ausatemtyp*. Nach einleitender Atemübung des jeweiligen Atemtyps folgen bei beiden Übungsreihen 10 Doppelübungen. Die ersten vier werden im Liegen gemacht: Füße, Unterschenkel, Oberschenkel, Becken. Die übrigen sechs in Sitzhaltung: Fäuste, Unterarme, Oberarme, Oberkörper, Hals und Kopf. Jede Übung besteht aus zwei Teilen, die zusammengehören:

1. Teil: *Funktionsübungen* mit Stimulation von Muskeln und Nerven des betreffenden Körperteiles. Hierbei ist die typenrichtige Atmung garantiert. Bei jeder Übung wird ein Gelenk beansprucht und motiviert.

2. Teil: *Positionsübung* in forcierter Atemhaltung. Hierbei wird der zuvor eingeübte Körperteil besonders gehalten, um eine optimale Durchblutung dieses Teils zu erreichen.

Bei beiden Übungsserien handelt es sich um den Wechsel von Spannung und Entspannung einer jeweils bevorzugten Muskelgruppe bei typenrichtiger Atmung, was insgesamt zur Entspannung des Körpers führt.

Bei beiden Übungsserien wird am Fuß begonnen und mit dem Kopf aufgehört, so daß die Durchströmung und Lockerung des gesamten Körpers erreicht werden wird.

Beide Übungsserien haben die bestmögliche Entspannungs- und Anspannungsmöglichkeit, wie es in kürzester Zeit keine andere gymnastische Therapie ermöglicht.

Beide Übungsreihen können sowohl zu hoher Leistungssteigerung führen oder auch zu völliger Entspannung und Schlaf − je nach gewünschtem Ziel.

Beide Übungsserien können zu jeder Zeit und in jeder Situation gemacht werden. Nach Erlernung benötigen sie an Zeit jeweils 10–20 Minuten. Die Lernzeit ist verschieden, je nach Schwere der Schädigung, nach Körpergefühl oder Gedächtnis. Einige benötigen drei − andere 10 Sitzungen und mehr. Wichtig ist immer eine Nachkontrolle zur Vermeidung sich einschleichender Fehler, die selbst schwer zu bemerken sind.

Beide Übungsserien verlangen größte Korrektheit in der Ausführung. Sie sind streng an die typenrichtige Atmung gebunden und dürfen nie vertauscht werden. Beide Serien lassen Variationen zu, wie im Kapitel „Variationen" beschrieben.

Beide Serien geben eine nie gefühlte körperliche und seelische Auffrischung. Sie sind für jedes Alter anwendbar; sie können Heilungen unterstützen; sie können aber auch allein manches Leiden heilen.

Die große Wirksamkeit der Übungen zeigt sich oft in anfangs starken Reaktionen, meist nach der 2. und 3. Sitzung. Diese Reaktionen können fieberhaft sein, Ausschläge sich verstärken, große Mattigkeit kann empfunden werden. Es gehört die Unbeirrbarkeit des Therapeuten dazu, bis zur nächsten Sitzung zu überzeugen; dann stellt sich plötzlich das Wohlbefinden ein. Es können sich auch Schmerzen einstellen, die wir aber als „heilsame Schmerzen" ansehen müssen – nämlich dort, wo etwas nicht in Ordnung ist, z. B. ein vor Jahren geschädigtes Gelenk oder eine bislang nicht bekannte Gastritis. Ja, oft pflegt der Körper Dinge abzustoßen, die nicht reparierbar sind, sagen wir einen schlechten Zahn oder eine Drüse usw. Was die Übungen nicht oder schwer beseitigen können, sind körperfremde Situationen nach Operationen. Der Körper ist in einen unnatürlichen Zustand gebracht. Es muß dann genügen, die Gesamtsituation des Körpers in eine bestmögliche Verfassung zu bringen. Alle Übungen werden mit geöffneten Augen gemacht (nicht meditativ).

Körperbau lunar

Übungen für den lunaren Typ

Wir unterscheiden bei den Übungen grundsätzlich zwei Teile. Der erste Teil, der sich aus den sogenannten *Funktionsübungen* zusammensetzt, dient mit seinem Anspannen und Entspannen der Aktivierung von Nerven und Muskeln und den dazugehörigen Gelenken der jeweils angesprochenen Muskelgruppe. Der zweite Teil, als *Positionsübung* bezeichnet, ist die in ruhiger Anspannung gehaltene Position derselben Gruppe, um eine möglichst anhaltende Durchblutung zu bekommen. Die dann folgende Entspannung ist die Erholungsphase. Funktionsübungen werden 5- bis 10mal wiederholt, Positionsübungen etwa 20 Sekunden lang durchgeführt.

Beim *lunaren* Typ ist das Grundprinzip in der *Dehnung der Warmzonen* Hinterkopf, Oberkörper und Extremitäten zu suchen und in der auf Verengung oder Zusammenziehung gerichteten Wirkung auf die Kaltzonen Vorderkopf, Hals und Becken. Wir bekommen dadurch ein gutes Gefälle im Blutkreislauf. Durch eine optimale Dehnung des Brustkorbes erzielen wir einen besseren Zustrom zum Herzen, zu den Lungen und Gefäßen. Das aus dem Herzen ausströmende Blut wird abhängen von der Fülle des einströmenden Blutes. Ebenso ist das Gehirn abhängig von der zuströmenden Blutmenge, und eine Gefäßerweiterung muß angestrebt werden. Ihr folgt sekundär die Gefäßverengung. Bei kreislaufschwachen Menschen dieses Typs ist die Dehnung des Brustkorbes erschwert, sei es durch einen schmalen asthenischen[1] Brustkorb, durch organische Herzschwäche, eine falsche Atemtechnik oder durch psychisch bedingte Verspannung der Atemmuskulatur.

Atmung

Funktionsübung: In der Rückenlage haben wir die beste Dehnungsmöglichkeit des Brustraumes. In dieser Lage beginnen wir mit der Erlernung einer tiefen Inspiration[2]. Leichter Druck auf die oft geblähte Magengegend macht dem Patienten deutlich, daß er die Luft mit langsamer tiefer Einatmung durch die Nase in den Brustraum einziehen muß.

---

[1] von schmalem, schlankem Körperbau
[2] Einatmung

Kinder kann man durch Auflegen der Hände auf den anschwellenden Brustkorb dies fühlen lassen (der Tank wird gefüllt). Viele Erwachsene können angeben, wie weit sie die Luft in den Thorax[3] einziehen können. Die auf dem Zwerchfell ruhende Luftsäule wird, wenn sie nicht bis zu den Lungenspitzen vordringen kann, wie ein Ring im Brustraum empfunden: ein, zwei, oder drei Handbreit über dem Zwerchfell. Nach mehrmaliger Einatmung und Entspannung steigt dieser Ring hoch, bis schließlich keine Sperre mehr empfunden wird, und die ganze Lunge luftgefüllt ist. Bei gesunder Atmung geschieht dies sofort. Nach der tiefen Inspiration läßt man die Luft entweichen, *passiv und ohne Druck*. Je tiefer die Einatmung ist, um so leichter entweicht die Ausatemluft. Auf keinen Fall darf die Luft durch hörbare Ausatmung oder Pusten aktiv ausgepreßt werden. Es ist am Anfang ein häufiger Fehler, daß die Patienten meinen, einer tiefen Einatmung eine kräftige Ausatmung folgen lassen zu müssen. Das führt bei diesem Typ sehr schnell zu Unbehagen und einer unmerklichen zunehmenden Kreislaufschwäche. Bei bereits kreislaufgeschädigten Menschen kann dies zu schweren Schäden führen.

Frau R. hatte diese Übungen wegen schwerer allgemeiner Erschöpfung erlernt und war in sehr guter Verfassung aus der Behandlung zur eigenen Weiterbehandlung entlassen. Nach einigen Monaten kam sie verzweifelt zurück, weil sie sich wieder sehr elend fühlte trotz der Übungen. Es stellte sich heraus, daß sie nach jeder Einatmung trotz aller Warnungen kräftig auspustete. Nach Beseitigung dieses Fehlers ging es ihr sofort wieder gut und das blieb.

Bereits wenige gut ausgeführte Atemzüge führen schon zu einem Wohlgefühl. Der Patient empfindet Wärme und innere Leichtigkeit.

Die *Positionsübung* besteht im Anhalten der Luft nach tiefer Inspiration für etwa 20 Sekunden. Sie wird jeweils nur einmal gemacht. Zur Selbstkontrolle kann man innerlich bis 20 zählen, da das Zeitempfinden oft täuschend ist. Danach atmet man wieder 6 bis 10 tiefe Atemzüge ein und schließt erneut die Positionsübung an, da beide Übungen immer zusammengehören. Nach mehrfacher Wiederholung spürt jeder, auch der Herzkranke, eine deutliche Besserung.

Vielfach sieht man über der Magengrube während der Atmung eine „Luftblase" stehen. Die Erfahrung zeigte uns, daß es ein Zeichen für Fehlatmung sein müsse. Diese Menschen litten unter Magenschmerzen

---

[3] Brustkorb

und Appetitlosigkeit und Gastritis[4]. Erlernen diese Patienten bei der Einatmung die Magengegend einzuziehen, so kann es bald zu einem reflektorischen Zurückfallen der Bauchdecke kommen, besonders bei der Positionsübung. Die Folge ist ein Verschwinden aller Beschwerden. Man möge mir verzeihen, wenn ich alle in physiologischen Lehrbüchern aufgezeichneten Theorien hier übergehe. Auch hier muß ich die Nachprüfung aller Beobachtungen Berufeneren überlassen. Es dürfte daraus viel Anregung und neues Wissen resultieren, wenn mit Kenntnis des jeweilig errechneten Typs nach neuen Gesichtspunkten getestet würde.

Füße

Funktionsübung: Der linke Fuß wird ruckartig nach dorsal (zum Fußrücken) gezogen, dann locker zurückfallengelassen in eine Position, in der er weder dorsal (zum Fußrücken) noch plantar (zur Fußsohle) angespannt ist, sondern passiv frei beweglich. Danach erfolgt die gleiche Bewegung mit dem rechten Fuß. Dies abwechselnd 10mal.

Die *Positionsübung* ist gleichzeitiges Anziehen beider Füße dorsal und tiefe Inspiration (= Einatmung). Diese, als der Motor des *Lunatikers*, erleichtert und vertieft jedes Tun. Man hält etwa 20 Sekunden die Luft an. Diese Übung ist von besonderer Bedeutung, da eine enge Verbindung zwischen Kopf und Füßen besteht. Es gibt ein englisches Sprichwort: „It makes my toes curl" (Es läßt meine Zehen verkrampfen).

Wir stellten fest, daß Geistesarbeiter, die in einem ihnen nicht bewußten angespannten Zustand arbeiten, oft krallenartig verkrümmte Zehen haben. Dabei besteht dann eine starke nervliche Überreiztheit. Das oft geübte operative Angehen solcher Zehenverkrümmungen wird das Grundübel, die zu starke geistige Anspannung, nicht beseitigen. Streckt man bei der Positionsübung dem Patienten die verkrampften Zehen in die Länge, so kommt es zu einer merkbaren nervlichen Beruhigung.

Zehen

Funktionsübung: Man kann vor die Fußübung die Zehenübung setzen, indem die Zehen aktiv gekrümmt werden und passiv gestreckt.

---

[4] Magenentzündung

Als *Positionsübung* ergibt sich das passive Gespreizthalten der Zehen. Bei Kindern finden wir diese Zehenverkrümmung nicht. Aber eine mir gut bekannte Oberschullehrerin brauchte nach jedem Abitur die besondere Entspannung ihrer Zehen.

Im allgemeinen gelten für die Fußübungen beider Typen die gleichen Erfahrungen: Konzentrationsfähigkeit, Koordinationsfähigkeit und Energie lassen sich ablesen an der Bewältigung der ersten Fußübungen. Mangelnde oder unterdrückte Energie erkennt man an der schlaffen Ausführung der Funktionsübung. Bei Überwiegen rein körperlicher Energie ist die Positionsübung beliebter als die Funktionsübung, hingegen sträuben sich Spastiker[5] mit übersteigerter geistiger Energie gegen die Positionsübung bis zum Schreien, während sie die Funktionsübung gern machen. Haben sie aber nach längerer Übungszeit ihre nervliche Überreiztheit überwunden, dann werden die Übungen zur Wohltat. Die bislang introvertierten Kinder zeigen sich plötzlich weich und gefühlvoll. Das ist ein großes Glücksgefühl für Patienten und Therapeuten.

Unterschenkel

Sollten bei der Fußübung nur geringe Zeichen von Verspanntheit zu erkennen sein, so schließt das nicht aus, das sich eine Verspannung bei der Unterschenkelübung offenbart.

Funktionsübung: Bei dieser Übung wird zunächst der linke Unterschenkel ohne Spannung oder Kraft (gemütlich) in Beugestellung gebracht, bis die Ferse in Höhe der anderen Wade steht. Aus dieser bequemen Haltung wird der übende Unterschenkel vom Knie her hochgeschlagen, bis das ganze Bein in einem Winkel von 45 Grad steht. Nach kurzem Verhalten in dieser Stellung läßt man das ganze Bein fallen. Bei verspannten Personen ist das gemütliche Anziehen der Unterschenkel und das passive Fallenlassen des Beines der schwierige Teil der Übung. Es fehlt die Fähigkeit, sich der körperlichen Bewegung hinzugeben und die in unserem modernen Leben ständig geforderte angespannte Aufmerksamkeit abzuschalten zu Gunsten einer unerhört erholsamen Entspannung. Das Bein wird in solchen Fällen nicht fallen gelassen, sondern mit Kraft hingeworfen, was man − sofern man es nicht sieht − beim Unterhalten der Hand spürt in der Muskelkraft, die das Bein hält.

---

[5] Vermehrung der Muskelspannung

Hat man jedoch das Gefühl der Eigenschwere des Beines, so fällt es entspannt hinunter. Es federt dabei elastisch auf der Unterlage.

Bei der *Positionsübung* werden beide Unterschenkel im Knie durchgedrückt und mit dem Oberschenkel bis zu 45 Grad hochgehoben und bei angezogenen Füßen möglichst lange gehalten. Dabei ist wie bei jeder Positionsübung die tiefe Einatmung erforderlich. Das Blut fließt ab in den Oberkörper und das Herz bekommt einen starken Zustrom. Diese Übung hat darum nicht nur ihre Bedeutung für Knie und Unterschenkel, sondern auch für Herz und Kreislauf. Die Länge der Positionsübung ist abhängig von der Herzkraft und damit auch ein Test für dieselbe. Kreislaufkranken ist das Halten zunächst nur kurz oder gar nicht möglich, die Fähigkeit wächst aber mit der Zeit. Die Kräftigung des Unterschenkels bei dieser Übung ist zugleich ein Stimulus für den richtigen Gang des Lunatikers: Mit Unterschenkelkraft und Fersenbetonung. Das Genu recurvatum (nach hinten durchgestrecktes Knie) vieler Kinder ist bei diesem Typ nicht schädlich sondern physiologisch. Es hat beim Stehen ein verstärktes Hohlkreuz zur Folge, wie es *bei diesem Typ nur im Stand* günstig ist.

Oberschenkel

Funktionsübung: Beim Oberschenkel kommen wir zum Training des so wichtigen Hüftgelenkes. Die Übung beginnt mit dem Heranziehen der Oberschenkel an den Leib, wobei Unterschenkel und Füße locker hängen. Wie immer beginnt der linke Oberschenkel. Beim Heranziehen wird der Fuß langsam in Dorsalflexion (Beugung zum Fußrücken) gebracht. Seine Plantarseite (Fußsohlenseite) bildet nun die Führungsebene zu dem folgenden Stoß des ganzen Beines nach vorn. Nach kurzem Verharren in der Schwebestellung läßt man das ganze Bein fallen.

Bei der *Positionsübung* werden beide Beine angezogen und die Oberschenkel an den Leib gepreßt. Dies hat eine Rundung der Lendenwirbelsäule zur Folge. Der Unterleib wird kräftig durchblutet und damit die Verdauung angeregt.

Becken

Funktionsübung: Die nun folgende Beckenübung ist für viele Menschen besonders schwierig, aber auch besonders wichtig. In Rückenlage wird das Becken kräftig angehoben und dann locker und entspannt fallen gelassen. Es geht dabei um die Lockerung der Lenden-/Kreuzbeinwirbelsäule. Der Übergang vom Kreuzbein zur Lendenwirbelsäule ist gleichzeitig der Übergang von der Kaltzone Becken in die Warmzone Oberkörper. Ventral (bauchwärts) ist dieser Punkt durch den Nabel gekennzeichnet. Erstaunlicherweise findet man Patienten, die nicht fähig sind, das Becken auch nur um Zentimeter anzuheben, ja oft ist nicht einmal ein Impuls dazu erkennbar. Abgesehen von jenen schweren neuralen Erkrankungen, bei denen eine Heilung außerhalb des Bereiches des Möglichen liegt, sollte man gerade bei dieser Übung Geduld und Mühe nicht scheuen, zu einer Innervierung[6] über zunächst passive Hilfe zu kommen. Ich werde an anderer Stelle (Kasuistik) über schwergeschädigte Kinder berichten, denen wir aus Hoffnungslosigkeit zu einem lebenswerten Dasein verhelfen konnten.

Einige Patienten verspüren anfangs beiderseits vom Kreuz ausstrahlende Schmerzzonen, die streifenförmig zu den Seiten ziehen. Das gibt uns Hinweise auf Verspannungen, die sich manifestieren in kalten Füßen, Verdauungsstörungen und Kopfschmerzen oder Residuen von Blasenerkrankungen oder gynäkologischen Affektionen. Wir haben in diesen Schmerzzonen einen feinen Indikator für kommende, vergangene oder bestehende Störungen im Beckenbereich.

Besonders bei der *Positionsübung* mit längerem Hochhalten des Beckens in Inspiration werden diese seitlich ausstrahlenden Schmerzen deutlich empfunden. Macht man in einer Sitzung diese Übungen mehrfach hintereinander, so verengt sich diese Schmerzzone wahrnehmbar mehr und mehr, bis sie sich über dem Kreuz zentralisiert. Der weitere Erfolg ist die Auflösung dieser zentralen Stelle und eine sich längsseits der Wirbelsäule hochziehende, bandförmige Zone mit Wärmeempfinden. Das ist das Zeichen für eine normale Durchströmung des Körpers von den Füßen bis hinauf zum Kopf. Es gibt subjektiv ein sehr wohltuendes Gefühl für den Betreffenden, nun statt Festigkeit und Schmerzen Wärme und Lockerheit zu verspüren. Kribbeln und Warmwerden der Füße beweisen den Erfolg einer neuen intensiven Durchblutung.

Eine Sportlehrerin, Frau St., litt nach der Geburt ihres zweiten Kindes an Angstzuständen. Sie konnte nicht allein sein, wagte sich nicht ohne Begleitung auf die Straße. Als sie nach längerem Leiden zur Behandlung

---

[6] Nervenanregung

kam, war es interessant, mit ihr das Vordringen des Blutstromes von den Füßen bis zum Kopf und die damit verbundene Erwärmung genau feststellen zu können. Als sie nach etwa drei Wochen Übungsbehandlung Wärme am Hinterkopf verspürte, war auch das Leiden beseitigt. Von da an waren Wohlbefinden und Leistungsfähigkeit wieder da, und Erscheinungen einer „Phobie" traten nie wieder auf.

Die nun folgenden Übungen werden im Sitzen gemacht. Macht diese Haltung zunächst Schwierigkeiten, kann man anfangs die Füße etwas über die Liege hinausragen lassen, was die Streckung der Knie erleichtert. Der Sitz ist mit rundem Rücken bei gestreckten Knien.

Faust

Funktionsübung: Entsprechend den Fußübungen wird mit der Funktionsübung der Faust begonnen. Die linke Hand zur Faust geballt, der Oberarm seitlich am Thorax anliegend, Unterarm im rechten Winkel — wird die Faust nach vorn gestoßen bis der Arm durchgestreckt ist. Dann läßt man den Arm in die Ausgangslage zurückpendeln ohne aktive Muskelkraft. Es ist schwierig, nach energischem Vorwärtsstoß unmittelbar danach ohne Kraft zurückzupendeln. Intellektuelle können es oft nicht fassen, daß sie zu einer solch einfachen Bewegung nicht fähig sind und wollen ihre Unfähigkeit zu entspannen mit Hilfe des Verstandes überbrücken. Sie erreichen das Gegenteil, denn Entspannen ist keine Sache des Verstandes sondern des Gefühls. Sie müssen lernen, Verstand und Energie auszuschalten zugunsten des Emotionalen, was den Menschen unserer Zeit sehr schwer fällt. Aber darin liegt ein Wert dieser Übungen, daß durch scheinbar rein körperliche und sehr einfache Übungen Bewegungsvorgänge in die Komponenten *Spannung und Entspannung* aufgeteilt werden, *Kraft und Energie gegen Loslassenkönnen*. Der Vergleich mit einem überdehnten Gummiband, das nicht mehr in der Lage ist, in den entspannten Zustand zu kommen, aber weiter gedehnt nur noch reißen kann, hilft manchmal, den Patienten die Lage klarzumachen. Sie müssen begreifen, wie wichtig es ist, aus der Entspannung wieder neue Kraft zu bekommen, denn das bedeutet Erholung. Es bedeutet aber auch Lebenskunst an sich. Ihre Unfähigkeit dazu macht sie krankheitsbereit (Infarkte und wohl auch Krebs). Es ist also jede Unfähigkeit zur Entspannung — einerlei an welchem Körperteil — ernst zu nehmen und zu behandeln. Die Frage nach dem allgemeinen Ergehen nach den Übungen wird durchweg von Kleinen wie Großen mit „leichter, lockerer und wärmer" beantwortet. Kein Kind sträubt sich, wieder zu kommen. Kinder sind instinktsicher genug, die Hilfe in dem anschließenden Wohlbefinden zu spüren. Es gibt viele gymnastische Methoden, aber keine hat als grundlegendes Prinzip Spannung und Entspannung bei typenrichtiger Atmung, Lagerung und Bewegung. Darin liegt die Treffsicherheit der Methode und ihre große Wirksamkeit. Auch das autogene Training kann nicht derartige Effekte erzielen, weil es keine Typenverschiedenheit kennt.

Die zur Faustübung gehörende *Positionsübung* ist die Abspreizung beider Arme im 45-Grad-Winkel mit Beugung der Handgelenke, Spreizung der Handflächen und Finger. Das Blut strömt in die Hände und Finger. Menschen mit immer kalten Händen erleben staunend, wie Wärme eindringt, die Hände anfangen zu schwitzen. Kalte Hände können in Minuten warm werden, so daß das Training zur Wohltat wird. Eine Musiklehrerin, deren Hände anfingen arthritisch[7] zu werden, erlebte das Abschwellen der Gelenke und bald wieder die alte Fingerfertigkeit.

Unterarm

Funktionsübung: Der Oberarm liegt an, der Unterarm wird mit hängendem Handgelenk am Brustkorb entlang nach oben geführt bis zur Senkrechten, im Ellenbogengelenk gedreht bis die Handfläche nach vorn zeigt. Dann wird der Arm horizontal nach vorn geschleudert und nach kurzem Verhalten fallen gelassen. Dies wie immer jede Seite 10mal. Die Funktionsübung ist in ihrem Ablauf schwer zu erlernen, ist aber eine vorzügliche Übung zur Erhaltung der Funktionstüchtigkeit des Ellenbogengelenkes.

Bei der *Positionsübung* werden beide Arme nach vorn gestreckt und die Hände gefaltet, wobei die Handgelenke extrem nach innen gebogen sind. Die Ellenbogen werden durchgestreckt.

Oberarm

Funktionsübung: Sie beruht auf der Drehung der Schulter und wird erreicht durch Rückwärtsführen des Oberarmes wie zum Kugelstoßen.

---

[7] entzündlich veränderte Gelenke

Der Kopf bleibt nach vorne gewendet und darf nicht mitgedreht werden. Mit Schwung und Kraft wird der Arm nach vorn gestoßen. Nach kurzem Anhalten des Armes in der Streckhaltung läßt man ihn entspannt fallen. Wir haben also die Dreiteilung: ruhiges Rückführen des Armes in die Stellung, die dem nachfolgenden Stoß die Kraft gibt und nach dem Kraftstoß das passive Herabsinken des Armes, um zur Entspannung zu kommen. Das vielbesprochene Schulterarmsyndrom älterer Menschen kann durch nichts besser verhindert beziehungsweise geheilt werden als durch diese Übung.

Zwei ältere Patientinnen hatten sich monatelang mit starken Schmerzen gequält und sahen trotz vielseitiger therapeutischer Maßnahmen bis hin zum Cortison keine Besserung ihrer Beschwerden, bis ich die Behandlung mit den Übungen übernahm und in etwa 14 Tagen Beschwerdefreiheit erzielte und mit weiterem Üben und typenrichtiger Arbeitsweise schließlich Heilung.

Die dazugehörige *Positionsübung* fällt meist mit Faltung der Hände auf dem Rücken und Heraufführen beider Arme zur Waagerechten sehr schwer. Die Arme bilden mit dem Thorax[8] einen rechten Winkel. Dabei hilft die tiefe Inspiration. Der Brustkorb erfährt eine optimale Dehnung, und dadurch werden Herz und Lungen gut durchblutet. Daher ist diese Übung von besonderem Wert für Herz- und Kreislaufgeschädigte und Lungenkranke. Menschen mit zu schmalem Brustkorb werden nach und nach eine größere Brustweite bekommen, und erkrankte Organe finden Heilung. Anatomisch kann es für die korrekte Ausführung der Positionsübung Schwierigkeiten geben, aber schon die geringste Dehnung hat einen günstigen Effekt, besonders bei Bronchitikern und Asthmatikern dieses Typs. Über die dazu passende medikamentöse Behandlung wird an anderer Stelle berichtet. Zunächst ist es wichtig, daß diese geplagten Menschen Hilfe finden. Psychologisch durchbricht es das verängstigte Denken: Atemnot, Spritze, Klinik. Statt dessen können sie sich nun selbst helfen. In jüngeren Jahren kommt es durch die typenrichtigen Anstöße durch Übungen und Verhalten zur allmählichen Umformung des Thorax und damit auch zur anatomischen Heilung.

---

[8] Brustkorb

Oberkörper

Funktionsübung: Wir legen den Oberkörper um 45 Grad zurück, halten den Blick senkrecht zur Decke gerichtet und lassen uns in eingeatmetem Zustand seitlich mit einem Schwung nach links fallen, um mit Ausnutzung dieses Schwunges weiter nach hinten und rechts zu drehen und zurück zur Ausgangshaltung. Die Unterlage wird bei der Drehung nicht berührt, die Arme liegen locker an den Seiten. Die Konzentration ist auf die Drehung ausgerichtet. Es ist eine der wesentlichen Prinzipien bei den Übungen, daß jeweils nur ein Körperteil in Aktion ist, während der übrige Körper sich entspannt verhält.

Die Positionsübung ist ein Verharren in der 45-Grad-Rückwärtslage bei Inspiration für etwa 20 Sekunden. Der Blick ist dabei senkrecht zur Decke gerichtet, der Leib möglichst entspannt, bis man sich gelöst und entspannt nach hinten fallen läßt. Verspannte, sehr ängstliche oder sehr gewissenhafte Naturen werden sich nicht fallen lassen, sondern gehemmt zurücklegen, bis sie das wohltuende Fallenlassen gelernt haben. Dies ist überhaupt die schnellste und bequemste Art, zu einer Erholung zu kommen. Die Wirbelsäule und ihre Muskulatur rollen dabei in physiologischer Weise ab: Jeder Wirbel nimmt seine richtige Stellung ein. In einer Zeit sich mehrender Wirbelschäden haben wir für den Lunatiker hiermit die beste Prophylaxe. Eine Rückenmuskulatur, die ganz entspannt werden kann, wird dann auch ohne Schaden angespannt werden können. Dies ist besser als das Gipsbett, das zur Passivität und Erschlaffung verdammt, auch wenn es typenrichtig in Rückenlage angefertigt sein sollte.

Hals

Funktionsübung: Die Halswirbelsäule profitiert auch von dieser Übung. Die große Bedeutung aber, die die Halswirbelsäule für Hals und Kopf hat, macht eine eigene Übung notwendig. Wir schlagen den Kopf kräftig rückwärts an die Wirbelsäule an, wobei die Halswirbelsäule gepreßt wird. Besonders der siebente Halswirbel wird nach innen gedrückt. Dann schnellt der Kopf wie ein Bumerang zurück in die Ausgangslage. Dies tun wir etwa zehnmal und lassen dann die *Positionsübung* folgen mit Rückwärtspressen des Halses bei tiefer Inspiration. Bei Beendigung der Übung muß darauf geachtet werden, daß der Kopf nur bis zur Horizontalen des Kinns nach vorn gebracht wird. Die Übung ist sehr angenehm und kann beginnende Halsentzündungen kurieren oder günstig beeinflussen. Der Hals ist beim Lunatiker eine Kaltzone, auf Verengung eingestellt. Das Zusammenpressen der Wirbel und Halsmuskulatur dorsal unterstützt dies. Es ist erstaunlich, daß schon einmaliges tägliches Üben die Beweglichkeit erhalten und Abnutzungserscheinungen weitgehend verhüten kann. Wesentlich ist dabei allerdings die richtige Kopfhaltung, zu deren Training wir jetzt kommen.

Kopf

Die freie Beweglichkeit des Kopfes ist abhängig von der Beweglichkeit der Halswirbelsäule, wenn auch die eigenständige Beweglichkeit des Kopfes ihren Angelpunkt im Epistropheus hat. *Funktionsübung:* Der Kopf wird locker nach hinten gehalten, und dann beginnen schnelle kleine Schüttelbewegungen von links nach rechts, die erweitert werden zu kräftigem Schütteln nach beiden Seiten. Die Augen bleiben offen, der Mund geschlossen. Die großen und die kleinen Schwünge wechseln miteinander ab, bis man langsam mit großen Schwüngen aufhört.

Als *Positionsübung* wird der Kopf locker nach hinten hängen gelassen und dabei tief eingeatmet. Das Blut soll aus dem Vorderkopf in den Hinterkopf gelangen, was auf der Stirn sich als Kälteempfinden und am Hinterkopf als Wärmeempfinden kundtut. So wenig angenehm das Kopfschütteln manchmal beim Erlernen ist, so wohltuend erweist es sich später. Die Wirkung ist ebensosehr ein Schlafmittel, als auch ein Stimulans zur Erreichung eines leistungsfähigen Zustandes. Klareres Denken, bessere Konzentration und stärkere Entschlußkraft bekommt derjenige, der etwas leisten will; ist aber Schlaf notwendig, so haben wir das beste und harmloseste Schlafmittel.

Der Wert der Kopfübung ist außerordentlich wie ein Beispiel zeigt: Frau B. geb. 31.01.1913, litt seit Jahren unter schwersten Schlafstörungen, die sich durch Überforderung immer mehr steigerten, so daß nur 2–3 Stunden Schlaf blieben. In acht Tagen erlernte sie unsere Übungen und seither sind diese ihr Schlafmittel.

Es folgen gekürzte Tabellen der Übungen. Sie dienen als Gedächtnisstütze, sind aber ohne vertiefte Kenntnis des Vorhergesagten in diesem Kapitel nicht anzuwenden. Spannung und Entspannung sind nicht tabellarisch auszudrücken und oft sehr schwer zu erlernen.

Übungen für den lunaren Typ
(Kurzfassung)

Atmung

Funktionsübung: Rückenlage, Arme seitlich gestreckt, Füße locker. 10mal tief einatmen, Leib einziehen. Luft nicht ausblasen, sondern passiv geräuschlos entweichen lassen. Sofort wieder einatmen. Einatmung ist länger als das Herauslassen der Luft.

Positionsübung: Tiefe Einatmung, Halten der Luft so lange es geht, eventuell einmal kurzes Nachziehen der Luft.

20 Sekunden in Positionsübung bleiben: Gilt für alle Positionsübungen.

Füße

Funktionsübung: Locker, weder nach unten oder oben gespannt. Kräftiges Anziehen des linken Fußes von Fußsohlenmitte aus zur Beugung, Fußrücken gegen Wade. Dann Fuß passiv zurückfallen lassen. Abwechselnd links und rechts je 10 mal. Die Zehen dabei in gestreckter Haltung.

Positionsübung: Beide Füße langsam anziehen und in tiefer Einatmung möglichst lange angezogen halten, Zehen dabei locker, dann loslassen der Füße.

Unterschenkel

Funktionsübung: Anziehen des Unterschenkels in ruhigem Zug bis Hacken in Höhe der anderen Wadenmitte. Hochschlagen des Unterschenkels aus dem Knie, so daß das ganze Bein eine Gerade bildet im Winkel von 45 Grad zur Unterlage. Nach der aktiven Streckung passives Fallenlassen des ganzen Beines. Links und rechts abwechselnd ca. 10mal.

Positionsübung: Beide Knie durchdrücken und beide Beine bis zirka 45 Grad hochheben und in tiefer Einatmung halten. Dann Beine fallen lassen, gleichzeitig Einatmung loslassen.

Oberschenkel

Funktionsübung: Oberschenkel an den Bauch anziehen, Unterschenkel locker hängenlassen. Füße in Rückwärtshaltung bringen, so daß die Fußsohle als Führungslinie zum energischen Vorwärtsstoßen des Oberschenkels bis zur Streckhaltung des ganzen Beines wirkt, dann das Bein kraftlos fallen lassen. Links und rechts etwa 10 mal.

Positionsübung: Oberschenkel an den Unterleib pressen, so daß Lenden- und Kreuzbeinwirbelsäule gerundet werden. Unterschenkel und Füße hängen locker. Tiefe Einatmung und möglichst langes Verharren. Dann gleichzeitiges Loslassen von Atmung und Fallenlassen der Beine.

Becken

Funktionsübung: Hochdrücken des Beckens vom Kreuz aus. Passives Fallenlassen. Der übrige Körper (Thorax und Oberschenkel) bleiben in entspannter Haltung. Etwa 10mal.

Positionsübung: Hochhalten des Beckens in tiefer Einatmung. Füße sind nach oben gezogen. Nach ca. 20 Sekunden Verharren, passives Fallenlassen des Beckens.

Sitzhaltung

Die nachfolgenden 6 Übungen werden im Sitzen gemacht. Sitzhaltung mit leicht rundem Rücken bei gestreckten Beinen. Arme liegen locker auf der Unterlage. Kopf ist horizontal nach vorn gehalten.

Faust

Funktionsübung: Hände zur Faust geschlossen, Daumen innen, Handgelenk gerade ohne Knick. Oberarme locker seitlich hängend, Unterarme in 90 Grad angewinkelt. Stoß mit linker Faust nach vorn, Unterarm mitreißend bis Arm in Streckhaltung, dann passives Zurückpendeln des Unterarmes in Ausgangsstellung. Links und rechts abwechselnd 10mal.

Positionsübung: Beide Arme in gestreckter Spreizhaltung nach vorn halten, Hände zur Mitte hin gebogen, Finger und Handflächen maximal gespreizt. Einige tiefe Atemzüge, dann passives Fallenlassen der Arme und Entweichen der Atmung.

Unterarm

Funktionsübung: Oberarme liegen ruhig am Körper. Unterarm wird mit hängender Hand am Brustkorb nach oben geführt, im Ellenbogen gedreht bis Handfläche nach vorn zeigt, dann wird der Unterarm seitlich weggeschleudert bis zur vollen Streckung des Armes. Oberarm wird passiv mitgerissen. Danach fällt der ganze Arm locker auf die Unterlage. Links und rechts 10mal.

Positionsübung: Beide Arme gestreckt nach vorn halten mit gefalteten Händen. Handgelenk nach der Mitte gebogen, Ellbogen gestreckt. In tiefer Einatmung etwa 20 Sekunden halten. Passiv die Arme fallen lassen.

Oberarme

Funktionsübung: Unterarm anheben bis Handfläche nach vorn zeigt. Zurückführen der Schulter nach hinten ohne Anheben der Schulter (Kugelstoßen), Kopf bleibt geradeaus gerichtet. Dann kraftvolles Vorstoßen des Armes bis zur Streckung mit Drehung des Schultergelenkes. Ist der Arm durchgestreckt, lockeres Fallenlassen. Die andere Seite ist bei der Übung in entspannter Haltung. Links und rechts 10mal.

Positionsübung: Hände auf dem Rücken falten, dann beide Arme in Streckhaltung hochheben bis in Schulterhöhe. Zusammenpressen der Schulterblätter. Kopf hochhalten. Tiefe Einatmung unterstützt die oft schwere Übung und dehnt die Lungen. Nach mehrfachen tiefen Einatmungen Arme fallen lassen und Atem passiv entweichen lassen.

Oberkörper

Funktionsübung: Oberkörper bis 45 Grad nach hinten neigen, Kopf Blickrichtung zur Decke. In tiefer Einatmung und mit einem Schwung nach links wird der Oberkörper in kreisender Bewegung ohne Berührung der Unterlage nach rechts gedreht zurück zur Ausgangslage. Nach 10maligem Rückwärtskreisen entspannendes Fallenlassen des Oberkörpers.

Positionsübung: Oberkörper bis 45 Grad nach hinten legen mit Blick zur Decke (Fixierung eines Punktes) und in tiefer Einatmung möglichst lange so halten. Dann entspanntes Fallenlassen in Rückenlage.

Hals

Funktionsübung: Aus der Horizontalhaltung des Kopfes heraus Kopf und Hals locker nach hinten schlagen und passiv zurückschnellen lassen. Schultern ruhig und locker halten. Ca. 10mal.

Positionsübung: Kopf fest nach hinten an Halswirbelsäule pressen in tiefer Einatmung. Möglichst lange Haltung. Danach wieder Normalhaltung des Halses mit Kopfhaltung in Geradeausrichtung.

Kopf

Funktionsübung: Zunächst Kopf locker nach hinten hängen lassen. Dann Beginn mit kleinen Schüttelbewegungen, die nur vom Kopf ausgehen dürfen. Allmähliches Größerwerden der Schwünge, dann wieder kurze kleine Schwünge im Wechsel. Mit großen Schwüngen langsam auspendeln. Kopf muß immer locker nach hinten hängen. Schütteln nur so weit, wie Kopf mitmacht. Dieser hört bei Überforderung allein auf und ist nicht mehr bewegbar.

Positionsübung: Kopf locker nach hinten hängen lassen und mehrere Male tief einatmen. Dann mit hängendem Kopf in Rückenlage fallen lassen.

Körperbau solar

Übungen für den solaren Typ

Die Einteilung der Übungen in Funktions- und Positionsübungen ist dieselbe wie bei den Übungen für den lunaren Typ. Der oft erwähnte 45-Grad-Winkel spielt auch hier eine Rolle, weil dieser Winkel die entspannteste Haltung zwischen Streckung und Beugung sein kann, bzw. Strecker und Beuger sind in der gleichen Anspannung. Das gibt die bequemste Ausgangshaltung für aktives Geschehen. Es geht bei diesem Typ um die bestmögliche *Ausatmung*.

Beginnen wir mit der richtigen Kopfhaltung, die für das Gesamtbefinden dieses Typs von ausschlaggebender Bedeutung ist. Sie ist leicht nach vorn gebeugt, so daß das Kinn unter der Horizontallinie ist. Dabei hat die Halswirbelsäule eine leichte Dorsalkrümmung[1], die im Lenden-Kreuzbereich ihre lordotische (Krümmung nach innen) Gegenkrümmung hat (Hohlkreuz).

Der Patient wird zunächst in Bauchlage gelegt, was manchem zunächst gar nicht leicht fällt. Der Kopf liegt auf der linken Wange, die Oberarme liegen angewinkelt seitwärts und die Unterarme abgewinkelt nach oben, wie wir es oft beim Säugling sehen. Die Hände sind entspannt, die Füße gestreckt und in leichter Abduktion (Fußspitzen nach außen gerichtet). Diese Haltung hat zur Voraussetzung, daß der Betreffende sich entspannen kann, sonst wird er sich innerlich gegen diese Lage sträuben (Ausdruck einer Lebenshaltung mit Ängstlichkeit, mangelndem Selbstvertrauen oder einer Verspannung auf Grund falscher Selbsteinschätzung durch zu starke Ichbetonung). In jedem Falle versuchen wir, mit *forcierter Ausatmung* eine Entkrampfung zu erreichen.

Atmung

Funktionsübung: Die Ausatmung geschieht *aktiv*, kräftig durch die Nase. Anschließend folgt die *Einatmung passiv* durch den leicht geöffneten Mund. Die Nasenatmung ist oft schwer zu erlernen, namentlich von Kindern. Hält man ihnen ein Taschentuch vor die Nase, so hilft der erlernte Modus des Ausschnaubens, die Ausatmung begreiflich zu machen. Manche Kinder erlernen es spielerisch über das Wattepusten. Bei

---

[1] zum Rücken zeigend, rückwärts

der Bewunderung der durch die Nase weggepusteten Watte löst sich die Spannung, und die Kunst des Ausatmens steigert sich. Ein kräftiges Klopfen des Rückens oder Zusammenpressen der Rückenmuskulatur verstärkt die Ausatmung. Nach etwa 10maligem Ausatmen fordert man den Patienten auf, nunmehr in Ausatemstellung als *Positionsübung* zu bleiben. Danach beginnt man noch einmal mit Ausatmung und erfährt, daß es bedeutend leichtergeht. Der Patient bekommt das Gefühl, etwas ihm sehr Nützliches zu tun. Bei spastischen oder asthmatischen Zuständen wird man längere Zeit benötigen, bis die Sperre in der Ausatmung beseitigt ist. Aber die Geplagten haben bereits ein günstiges subjektives Empfinden. Bei Patienten mit unbewußten Spannungen kann man an der Kürze und der mangelnden Schärfe der Ausatmung seine Situation abhören. Normalerweise beginnt die Ausatmung leise und wird immer schärfer. Bei Kreislaufkranken wird sich die Ausatemkraft nur langsam steigern. Da aber gleichzeitig das Selbstvertrauen wächst, wird der Patient in Selbstbehandlung fortfahren. Kinder haben ein untrügliches Gefühl dafür, daß ihnen geholfen wird. Stellt man ihnen die Frage, ob sie diese Übungen weitermachen wollen, so werden sie sie immer bejahen.

Füße

Funktionsübung: Die Fußübung gibt uns besonders interessante Aufschlüsse. Beide Unterschenkel werden in Bauchlage 45 Grad angezogen, Füße in Streckhaltung. Abwechselnd werden die Füße sohlenwärts angezogen und wieder locker gelassen. Beim Halten werden beide Füße angezogen gehalten. Danach werden die Unterschenkel ruhig zurückgelegt. Geistesarbeiter lieben die Funktionsübungen mehr, bei der abwechselnd beide Füße in Streckstellung angezogen werden, um dann locker fallengelassen zu werden.

Die *Positionsübung* liegt ihnen mit Halten beider Füße in angezogenem Zustand nicht so sehr, da diese mehr die Körperkräfte herausfordert, während die Funktionsübung geistige Einstellung anspricht. Wir streben eine Ausgewogenheit beider Kräfte an. Ist die Konzentrationsfähigkeit herabgesetzt (Kind kann nicht gut rechnen), fehlt die Fähigkeit, die Fußübung abwechselnd und in gleicher Stärke zu machen. Sind Koordinationsstörungen vorhanden, können die Füße bei den Übungen nicht in gleicher Höhe gehalten werden. Es fehlt das Gefühl für Seitengleichheit. Bei starker psychischer Verspannung fällt das passive Loslassen nach dem Anziehen sehr schwer. Die Füße werden zurückgeschlagen und in eine überspannte Position gebracht. Ist dagegen das energische Anziehen der Füße nicht möglich, so fehlt es an Energie und Willenskraft. Werden die Füße in der Ruhestellung stark adduziert (nach innen gedreht), so ist das ein Zeichen einer Abwehrhaltung, aus welchen Gründen sie auch herrühren mag. Nicht befriedigtes Ichbewußtsein, Egozentrik, Verängstigung sind einige dieser Gründe.

Unterschenkel

Funktionsübung: Nach der Fußübung werden die Unterschenkel abwechselnd mit gestreckten Füßen gegen die Oberschenkel geschlagen mit kräftigem impulsiven Schlag, danach aber um so ruhiger zurückgelegt als passives Geschehen. Es zeigt sich in der Kraft des Schlages die Energie und im ruhigen Zurücklegen die beherrschte Kraft.

In der *Positionsübung* werden beide Unterschenkel an die Oberschenkel geschlagen und dort gehalten und schließlich ruhig in die Ausgangslage zurück gebracht. Forcierte Ausatmung erleichtert die Positionsübung, die eine bestmögliche Vorbeugung gegen Arthrose ist. Das weiche elastische Knie ist für den Gang des Statikers eine Notwendigkeit. Das Genu recurvatum mancher Kinder — ob angeboren oder durch falsche Haltung im Sinne einer Abwehrgeste erworben — muß aus vorgenannten Gründen beizeiten angegangen werden. Hochspringen ist ein einfaches und sehr gutes Heilmittel. Es ist erstaunlich, wie viele Kinder es gibt, die aus innerer Verklemmtheit anfänglich nur wenige Zentimeter sich vom Boden springend abheben können. Mit dem Grad des Könnens vermindert sich ihre Verspanntheit — ein Zeichen des körperlichen und seelischen Wechselspieles.

Oberschenkel

Funktionsübung: Die Oberschenkelübung, die in einem Hochreißen des Beines aus dem Hüftgelenk heraus besteht, ist eine vorzügliche Prophylaxe gegen die jetzt so häufige Hüftgelenksarthrose. Nach dem Hochreißen wird der Oberschenkel ruhig zurückgelegt, aber auf keinen Fall fallen gelassen. Das passive Tun liegt hier in der ruhigen Beherrschtheit der Bewegung.

Dann folgt als *Positionsübung* das Hochhalten beider Beine mit durchgebogenem Kreuz. Während bei turnerischen Übungen dieser Art auch der Oberkörper in Anspannung ist, gilt hier wieder das Prinzip, daß jeweils nur ein Körperteil angespannt werden darf, in diesem Fall die Oberschenkel. Alles andere liegt entspannt. Das ist sehr schwer. Die kräftige Ausatmung gibt Hilfestellung. Oft werden hierbei Schmerzen im Kreuzbeinbereich angegeben.

Becken

Funktionsübung: Die Fortsetzung dieser Übung ist die Beckenübung mit ruckartigem Hochstoßen des Beckens mit dem Scharnier Kreuzbein. Beine und Oberkörper liegen ohne Beteiligung. Die häufigen Initialschmerzen im Kreuz mit Ausstrahlung nach beiden Seiten verschwinden mit der Zeit, das Kreuzbein-Lumbalgelenk wird flexibel und, wie bereits beim Lunatiker geschildert, wird die Blutpassage von den Füßen zum Kopf frei. Der Rücken wird warm, die Beine leicht und die Füße warm. Mit absoluter Sicherheit kommt die Verdauung in Ordnung, Abführmittel können abgesetzt werden und die Unterleibsorgane werden kräftig durchblutet. Das alles hat wohltuende subjektive Empfindungen zur Folge.

In der *Positionsübung*, bei der das Becken für einige Zeit in der Höhe gehalten wird, erfährt das Geschehen noch mehr an Intensität durch starke Durchblutung.

Frau Astrid L. litt jahrelang unter kalten Füßen, schwersten Obstipationen und Übelkeit, vergesellschaftet mit Unterleibsbeschwerden. Sie war nicht mehr in der Lage zu arbeiten und lag in einem elenden Zustand im Bett. Zunächst war es ihr völlig unmöglich, ein Gefühl für das Anheben der Beine zu bekommen, und das Becken zu heben war ausgeschlossen. Wir begannen die Behandlung am 17.2. Am 18.3. fühlte sie sich sehr wohl. Sie wurde so gesund, daß sie später eine Pension aufmachte und die Ernährung der Familie übernahm. Gelegentliche Übungskontrollen wurden gemacht. Medikamente gab es bei unserer Behandlung grundsätzlich keine. So geschah es, daß der zunächst viel gesündere Mann, der aber unsere Warnungen wegen des Rauchens nicht annahm, schließlich durch Herzinfarkt invalide wurde und die vorher jahrelang kränkelnde Frau eine ungeheuere Arbeitslast gesund auf sich nahm.

Ist das Kreuzbein flexibel geworden, so fällt der nunmehr bei den weiteren Übungen nötige Sitz nicht mehr schwer. Man sitzt mit nach hinten geschlagenen Unterschenkeln auf den gestreckten Füßen aufrecht im Hohlkreuz ruhend. Die Füße gewöhnen sich an die ungewohnte Belastung. Man kann sie im Beginn vielleicht über die Kante einer Matratze hängen lassen.

Faust

Funktionsübung: Nun beginnen wir mit den Faustübungen. Die Hände werden zur Faust geballt, die Unterarme und Hände abgewinkelt seitlich gehalten, so daß die Fäuste sich vor der Brust befinden. Von dort aus wird die Faust über die gegenüberliegende Schulter im Stoß geführt und dann zurück ohne Kraft in die Ausgangslage.

Bei der *Positionsübung* werden die Unterarme mit den abgewinkelten Händen (zu leichter Faust geballt) seitlich des Rumpfes gehalten. Dann läßt man die Unterarme entspannt fallen. Hierbei macht die größte Schwierigkeit das ruhige Zurückführen des Armes nach dem Stoß über die Schulter. Diese Bewegung wird oft mit derselben Kraft ausgeführt und gleicht dann einer sägenden Bewegung. Vielen gestörten Kindern und Erwachsenen fällt es schwer, seitengleich zu verfahren. Manche führen auch beide Seiten gleichzeitig aus und können die Bewegungen nicht trennen. Wieder andere halten bei der Positionsübung wie in einer Art Abwehrhaltung beide Hände vor den Bauch. Wie bei den Fußübungen lassen sich auch hier die psychische Grundeinstellung, Energie und Fähigkeiten in Konzentration und Ähnlichem an der Art der Übungsausführung ablesen. Es sind daher feine Indikatoren, die uns die Lage des Patienten entschlüsseln. Doch diese Dinge werden noch einmal in einem besonderen Kapitel über die Psychosomatik der Übungen berücksichtigt.

Unterarm

Funktionsübung: Die nun folgende Unterarmübung ist schwierig zu erlernen! Zunächst werden die Oberarme im 45-Grad-Winkel vom Körper entfernt gehalten, schräg nach vorn. Dann wird der Unterarm mit kräftigem Impuls an den Oberarm geschlagen, ruhig am Körper entlang abwärts geführt und mit einem schwungvollen Kreisen nach außen zurück zur Ausgangslage. Damit hat das Ellenbogengelenk seine möglichste Drehung erfahren. Die Hände sind dabei zu Schalen geformt. Kinder verstehen dies gut, wenn man ihnen sagt, daß sie in den lockeren Schalen ein Vögelchen halten. Im Ganzen ist dies eine sehr graziös wirkende Übung, wenn sie richtig ausgeführt wird, und gibt dem Ausführenden ein Gefühl der Beschwingtheit. Bei Kleinkindern genügt es, den Unterarm an den Oberarm zu schlagen und weich zurückzuführen.

Die *Positionsübung* ist leicht. Sie besteht in einer Innenrotation des Unterarmes im Ellenbogengelenk vor dem Oberkörper mit dorsal flektiertem Handgelenk, so daß die Handflächen bei der Haltung nach außen gerichtet sind und der Daumen nach unten zeigt.

Ein total verspanntes asthmatisches Kind, Michael W., hat viele Sitzungen gebraucht, um die Unterarmübung zu erlernen.

Oberarm

Funktionsübung: Die Oberarmübung, die ein lockeres Schultergelenk voraussetzt oder schaffen soll, hat folgende Ausgangshaltung: Die Oberarme hängen in leichtem Winkel zum Thorax herab, die Unterarme sind zur Senkrechten erhoben, Handflächen nach außen gewendet. Der Kopf ist leicht gesenkt. Man schwingt den Arm energisch mit der Hand als Führung über den Vorderkopf (Stirnnaht) zum Ohr der anderen Seite. Die Rückführung des Armes geschieht in ruhiger Bewegung. Sie darf nicht wie eine Kraftübung ausgeführt werden. Patienten mit Störungen im Schulterbereich oder gar zentralnervösen Störungen haben oft Schwierigkeiten, die Arme gezielt über den Vorderkopf zu führen und gleiten nach vorn oder hinten ab. Diese Übung ist von besonderer Wichtigkeit beim Schulterarmsyndrom. Durch jahrelanges Arbeiten mit dem typenwidrigen Arm (siehe Kapitel Seitendifferenzen) kann es allmählich oder plötzlich zu heftigen Schmerzen und Versteifungen in dem überlasteten Gelenk kommen.

Frau B. bekam nachts so heftige Schmerzen, daß sie nicht fähig war, aufzustehen. Monatelange Bemühungen von Orthopäden, Internisten, Chirurgen brachten kaum Besserung, so daß sie sich endlich zu unserer Übungsbehandlung entschloß, die wir wegen der starken Schmerzen sehr behutsam aufbauten. Eispackungen erleichterten bei dem solaren Typ den Beginn. Nach 14 Tagen war die schmerzhafte Phase überwunden und bald war die volle Beweglichkeit wieder da. Die röntgenologisch festgestellten Abnutzungserscheinungen werden sich auch bessern, sofern die Patientin in Zukunft diesen Arm vor zu starker Belastung bewahrt. Im Anfang war die Bauchlage kaum möglich, da die rechte Schulter so verzogen war, daß sie abstand und nicht in entspannte Ruhelage zu bekommen war. Mit viel Ausatmung und zusätzlichem passiven Druck auf die Schulter gelang es allmählich, die richtige Lage zu erwirken. Wesentlich waren dabei möglichst lange Positionsübungen. Medikamente nahm die Patientin nicht, auch nicht das von ihr abgelehnte Cortison. Sehr wohltuend empfand sie die harte Schlagmassage der Schultergegend. Seit drei Jahren sind keine Beschwerden mehr in der Schulter aufgetreten._

Bei der *Positionsübung* werden die Unterarme im Ellenbogengelenk übereinandergelegt, rechts über links, die Schultern zusammengepreßt und damit eine optimale Ausatmung erreicht. Dies bringt bei Asthmatikern große Erleichterung. Hartes Klopfen des Rückens von der Taille aufwärts macht das Ausatmen leicht. Herzpatienten spüren durch diese Maßnahmen der Verengung des Thorax[2] eine Entlastung ihres Kreislaufes. Die nach vorn zusammengepreßten Schultern bedeuten zwar das Gegenteil von dem so oft empfohlenen Wort „Brust raus, Schultern zurück", aber wir wissen, daß damit nur dem anderen Typ gedient ist. Je besser ein solarer Typ die Ausatmung beherrscht, um so freier und gerader wird sein Gang sein.

Ein junger Medizinstudent besuchte mich kürzlich und wollte in diese Typenlehre eingewiesen werden. Er war mit 12 Jahren in meiner Behandlung, nachdem er schon seit Jahren an schwerem Asthma litt, im Rollstuhl in das Gymnasium gefahren und von einem Heilbad in das andere gebracht wurde. Er war überall auf Einatmung ausgerichtet worden, also auf eine seinem solaren Typ entgegengesetzte Atmung, die ihn immer kränker machte. Er wurde auf Ausatmung umgeschult und entspannt. Er fuhr nach einigen Wochen nahezu geheilt ab, arbeitete aber in dieser Weise weiter. Die Mutter schrieb nach einiger Zeit begeistert, daß er nun bereits Sport mitmachen könne. Er ist ein gesunder und begeisterter Sportler. Nun wollte er für seinen eigenen Lebensberuf in diese Lehre eingeführt werden.

---

[2] Brustkorb

Oberkörper

Funktionsübung: Die Oberkörperübung ist eine sehr leicht zu erlernende und sehr beliebte Übung. Aus dem Unterschenkelsitz wird der Oberkörper nach vorn fallen gelassen, wobei das Gesäß in seiner Lage bleibt und nicht angehoben wird. Die Gebetshaltung der Mohammedaner gibt einen ähnlichen Anblick. Nach dem energischen Fall wird der Oberkörper wieder zum Sitz hochgezogen, aber nicht mit der Thoraxmuskulatur, sondern vom Kreuz-Lendenwirbelbereich. Der Kopf hängt lose unten. Wir haben ein Aufrichten der Wirbelsäule vom Steißbein bis zur Halswirbelsäule.

Die *Positionsübung* – nach mehrfacher Funktionsübung – ist dieselbe, nur verweilt der Patient länger in dieser für ihn sehr ausruhenden Haltung. Ist hierbei die Wirbelsäule vom Kreuz bis zum Beginn der Halswirbelsäule in einer Ebene, so haben wir eine richtig geformte, gesunde Wirbelsäule vor uns. Ist dies nicht der Fall, so gibt es eine Vielfalt pathologischer Möglichkeiten für die Fehlhaltung, die aber alle durch Übungen beeinflußbar wären. Richtige Einstellung jedes einzelnen Wirbels geht einher mit gleichzeitiger Kräftigung der Rückenmuskulatur. Verspannung derselben wie mangelnder Halt durch die Muskeln wird schnell und günstig beeinflußt.

Hals

Funktionsübung: Die Halswirbelsäule bedarf einer besonderen Übung, da sie bei dem solaren Typ eine Dehnungszone darstellt, was gleichbedeutend ist mit Wärmebedürftigkeit. Die leicht nach vorn gebeugte Haltung des Kopfes ist von der Halswirbelstellung abhängig. Wir drehen Hals und Kopf scharf zur linken Seite, dort ein kurzes kräftiges Nicken nach links unten, und dann werden Hals und Kopf nach rechts gedreht und zurück zur Geradeausstellung. Dann beginnt wieder die Drehung nach links mit dem impulsiven Schlagen nach unten und folgender passiver Drehung über die rechte Seite zur Ausgangsposition. Das Kinn darf bei der ganzen Übung nicht über die Horizontallinie erhoben werden. Bei Störungen im Halswirbelbereich oder allgemeinen Koordinationsstörungen ist diese Übung sehr schwer zu erlernen. Sie kann anfangs auch Übelkeit hervorrufen und muß mit Geduld und Umsicht gelehrt werden. In manchen Fällen, vor allem auch bei Kindern, muß man im Beginn oft passiv führen, weil es schwer fällt, Hals und Kopf als Einheit zu dirigieren.

Die *Positionsübung* ist ein Nachvornziehen des Halses mit Vorwärtsdrängen des Kinns. Es ergibt eine Haltung ähnlich der Kopfhaltung der Nofretete.

Kopf

Funktionsübung: Wir wissen, daß der solare Typ eine gute Durchblutung des Gesichtes braucht, da der Vorderkopf eine Warmzone ist. Wir lassen den Kopf locker nach vorn hängen, mit offenen Augen und geschlossenem Mund. Dann beginnt die letzte Übung, das Kopfschütteln. Es beginnt zunächst mit kurzem kleinen Schütteln, pendelartig mit scharfabgesetzten Schwüngen. Allmählich gehen die abgehackten kurzen Schwünge über in große Schwünge, um nach einiger Zeit plötzlich wieder kurz und zackig zu werden. So mehrmals im Wechsel, solange der Kopf mitmacht. Es ist eine seltsame Erscheinung, daß das Kopfschütteln nicht beliebig lange fortgesetzt werden kann. Ein Zuviel läßt der Kopf nicht zu. Diese Übung erfordert von dem Lehrenden anfangs große Aufmerksamkeit und Beobachtung. Wird der Patient blaß oder ist ihm übel, so hört man auf, legt ihn in Bauchlage, läßt gut ausatmen und macht dann erst die *Positionsübung*, die im lockeren Hängenlassen des Kopfes besteht bei tiefer Ausatmung. Dabei vergeht die Übelkeit schnell. Anschließend legt man den Patienten mindesten 10 Minuten in seine *Schlaflage*. Am nächsten Tag wird es schon sehr viel bessergehen. Dies ist individuell verschieden. Daß diese Übung mit Vorsicht auszuüben ist, wird einem klar, wenn man bedenkt, daß man ja die Durchblutung des Kopfes damit ändern will. Das Blut soll vom Hinterkopf weg zum Vorderkopf in die Warmzone gebracht werden. Den Beweis dafür bringt das bald einsetzende Wärmegefühl im Gesicht, an der Stirn beginnend, dann in den Augenhöhlen, weiter Wangen und schließlich im ganzen Gesicht, während der Hinterkopf als leichter empfunden wird. Sind pathologische Verhältnisse vorhanden, so werden die verschiedensten Sensationen genannt werden wie Druckgefühl im Hinterkopf, nach vorn ziehende strangartige Schmerzen, Druckgefühl in den Augenhöhlen und Ähnliches, bis sich schließlich alles löst in wohltuendem Wärmegefühl im Gesicht. Dies zeigt sich am ehesten bei der Positionsübung. Die Schmerzhaftigkeit und unangenehmen Gefühle haben wir mehr bei dem Schütteln. Die ganze Übung, einmal erlernt, ist eine Wohltat bei jeder Erschöpfung, welcher Art sie auch sein mag. Ist man zum Beispiel zu langdauerndem Autofahren gezwungen, befähigt eine Schüttelpause zum erfrischten Weiterfahren für die nächsten beiden Stunden und stellt die Konzentrationskraft in Kürze wieder her. Dasselbe gilt für alle geistigen Leistungen, aber auch für körperliche Durchhaltekraft. Andererseits ist es das beste Schlafmittel. Einschlafen wird erleichtert und die Schlafenszeit verlängert bei erfrischtem Erwachen.

Kann das Kopfschütteln schaden? Mir ist in sechsundzwanzigjährigem Umgang damit kein Fall einer Schädigung bekanntgeworden. Die Natur hat gegen Übertreibungen einen Selbstschutz geliefert, der die Länge des Schüttelns begrenzt und die Energie der Bewegung. Die Wirksamkeit dieser Übung ist unerhört und sehr vielseitig, wie wir an unendlich vielen Fällen erlebten. An einer anderen Stelle sollen Beispiele genannt werden.

Übungen für den solaren Typ
(Kurzfassung)

Atmung

Funktionsübung: Bauchlage, Arme seitlich angewinkelt, Kopf liegt auf der linken Wange, Füße nach außen gestreckt. 8mal durch die Nase ausatmen, schärfer werdend

Positionsübung: Scharf durch Nase ausatmen, Luft möglichst lange draußen lassen

Füße

Funktionsübung: In Bauchlage Unterschenkel etwa 45 Grad anziehen, dann einzeln rechts beginnend jeden Fuß von den Zehenspitzen her zur Streckhaltung anziehen, locker fallen lassen, 8-10mal.

Positionsübung: Beide Füße angezogen halten, Zehen gestreckt in Ausatmung möglichst lange halten. Dann Unterschenkel zurücklegen.

Unterschenkel

Funktionsübung: Rechten und linken Unterschenkel im Wechsel. Bei gestrecktem Fuß kräftiges Anziehen bis Wade auf Oberschenkel liegt, dann ruhig zurücklegen, 8-10mal.

Positionsübung: Beide Unterschenkel anziehen und in Ausatmung an Oberschenkel gepreßt halten. Danach ruhig zurücklegen.

Oberschenkel

Funktionsübung: Hochreißen des gesamten Beines aus der Hüfte heraus, danach ruhiges beherrschtes Zurücklegen. Rechts beginnend im Wechsel 8-10mal

Positionsübung: Hochdrücken beider Beine in Ausatmung, danach ruhig zurücklegen.

Becken

Funktionsübung: Becken wird ruckartig nach oben gehoben, Beine und Oberkörper bleiben auf der Unterlage, 8–10mal.
Positionsübung: Bei kräftiger Ausatmung Becken nach oben drücken und halten. Beine und Oberkörper bleiben auf der Unterlage.

Sitzhaltung

Die nachfolgenden Übungen werden im Sitzen gemacht. Der Patient sitzt auf seinen Unterschenkeln mit leicht nach vorn gebeugtem Oberkörper und leichtem Hohlkreuz, Kinn unterhalb der Horizontalen.

Hand

Funktionsübung: Arme und Hände (Fäuste) vor dem Körper. Rechte Faust wird stoßhaft zum linken Ohr geführt und passiv zur Ausgangslage zurück, abwechselnd rechts und links, 8–10mal.
Positionsübung: Beide Fäuste werden seitlich gehalten und mit Knick im Handgelenk nach oben gezogen, Ausatmung.

Unterarmübung

Funktionsübung: Der angewinkelte Unterarm wird an den locker gehaltenen Oberarm geschlagen, dann passiv und weich am Körper heruntergeführt und unter leichter Drehung im Ellenbogengelenk in die Ausgangslage gebracht. Rechts und links abwechselnd 8–10mal.
Positionsübung: Drehung der Unterarme im Ellenbogengelenk vor dem Körper, Daumen zeigen nach unten, Handinnenflächen nach außen, Ausatmung.

Oberarmübung

Funktionsübung: Oberarme hängen locker, Unterarme leicht angewinkelt (Haltung wie Gefangene zeigen), energisches Hochreißen des

Oberarmes über Mittelscheitel entlang des Haaransatzes zum anderen Ohr, dann langsam in Ausgangslage zurückführen, rechts und links im Wechsel 8–10mal.

Positionsübung: Rechten Arm über linken Arm legen, Fäuste ziehen die Arme zum Rücken, Zusammenpressen der Schultern, Ausatmung.

Oberkörper

Funktionsübung: Aus der Sitzhaltung Oberkörper nach vorn fallen lassen (mit den Armen auffangen), Hochziehen aus Kreuz- und Lendenwirbelsäule zur aufrechten Sitzposition unter Ausatmung, 8–10mal

Positionsübung: Oberkörper nach vorn fallen lassen und bei Ausatmung verharren (Gebetsstellung der Mohammedaner).

Hals

Funktionsübung: Kopf nach links drehen, dann plötzlich das Kinn nach unten „schlagen", weiter locker entlang des Oberkörpers nach rechts drehen und Kinn langsam bis kurz unterhalb der Horizontalen anheben und Kopf wieder nach links drehen, 8–10mal.

Positionsübung: Unter Ausatmung Kopf und Hals nach vorn und unten ziehen.

Kopf

Funktionsübung: Kopf locker hängen lassen, dann kurze, kleine, ruckartig pendelnde Bewegungen des Kopfes hin und her, langsam, übergehend zu großen lockeren Schwüngen, dann wieder abrupt Übergang zu kleinen Schwüngen, mit diesen abrupt aufhören.

Positionsübung: Lockeres Hängenlassen des Kopfes bei Ausatmung.

Variationen der Übungen

Beide Übungsreihen, die lunaren wie die solaren, lassen sich auch im Stehen machen, wenn der Patient dazu körperlich in der Lage ist, oder es aus räumlichen oder anderen Gründen sinnvoller ist. Dann beginnen die Übungen mit der Kopfübung, also in umgekehrter Reihenfolge. Die Kopf- und Halsübungen werden in gleicher Weise gemacht. Die Oberkörperübung des *lunaren* Typs besteht in einer Rückwärtsneigung des Rumpfes mit Drehung in der Hüfte. Die Positionsübung ist ein Halten in Rückwärtsbeugung. Die Armübungen sind wieder die gleichen, die Beckenübung wird wie im Liegen auch im Stehen gemacht. Die Positionsübungen der Beine müssen im Stehen wie die Funktionsübungen einzeln gemacht werden. Bei der Fußhaltungsübung wird man sich zweckmäßig festhalten. Bei den *solaren* Übungen wird der Oberkörper nach vorn fallen gelassen mit hängendem Kopf und hängenden Armen. Die Beckenübung ist ein Rückwärtsstoßen des Beckens. Für die Positionsübungen der Beine gilt dasselbe wie oben. Im ganzen wird die Wirkung der Übungen nicht der im Liegen gleich sein, weil im Liegen der gesamte Körper besser entspannt ist. Sie sind also erst zu empfehlen, wenn die Entspannung bereits gekonnt wird. Aber trotz dieser Einschränkungen sind auch die Übungen im Stehen Kraftspender.

Eine andere Variante besteht darin, daß Männer mit den *Positionsübungen* beginnen und dann die Funktionsübungen folgen lassen. Das Halten in der Position bedingt richtige Atmung und damit die starke Durchblutung, die kraftspendend wirkt. Die Körperkraft ist beim Mann wichtig. Die nachfolgende Funktionsübung bringt dann nervale und muskuläre Anregung bei verstärkter Kraft.

Schließlich lassen sich diese Übungen als *geistiges Training* in der Vorstellung machen. Die hierzu nötige Konzentration ist eine geistige Leistung und ein *Gegengewicht gegen allzu betonte körperliche Tätigkeit*. Die Augen werden geschlossen, die übliche Liegehaltung wird eingenommen und der Körper ist möglichst entspannt. Am wirkungsvollsten sind die Übungen in der Vorstellung im Anschluß an die realen Übungen. Nunmehr werden aber alle Übungen nur gedacht und nicht ausgeführt. Das wirkt außerordentlich beruhigend. Es ist ein Stimulans für geistige Tätigkeit und ein gutes Gedächtnistraining. Nach einem Tag voller körperlicher Anstrengung führt es in wenigen Minuten zum Schlaf. Oft kommt der Betreffende gar nicht dazu, alle Übungen zu durchdenken, sondern schläft bereits nach einigen ein. Dies kann Menschen, deren Tagesrhythmus gestört ist, ein Trost sein (vergleiche *Rensing* [13]). Es ist ein voller Ersatz für Schlafmittel, die zusätzliche Störfaktoren haben.

Auch individuelle Variationen der Übungen sind möglich und oft nötig, wenn sich besonders hartnäckige Störungen in bestimmten Gebieten zeigen. So kann man reale und vorgestellte Übungen gegebenenfalls kombinieren, wie ich an einem Fall erklären möchte.

T. litt seit 17 Jahren an Stumpfschmerzen am amputierten linken Arm. Alle Behandlungsarten einschließlich Akupunktur und Autogenem Training hatten nur kurzfristig Linderung gebracht. Beruflich und familiär (5 Kinder) war die Existenzbedrohung erreicht. Eine Übungsbehandlung wurde in meinem Haus unter ständiger Aufsicht durchgeführt. Dabei wurden die Armübungen, soweit sie den amputierten Arm betrafen, nur in der Vorstellung gemacht, aber in derselben Art und Intensität. Die Kombination gelang sehr gut. Es kam zu einer Aktivierung jener Gehirnzellen, die durch Nichtgebrauch von Arm und Hand jahrelang inaktiviert worden waren. Das ließ den Schmerz verschwinden. Der Patient tut bis heute seinen vollen Dienst und blieb jahrelang beschwerdefrei. Die Behandlung begann 1968.

Die Konzentration auf eine Sache in der Vorstellung wird sehr gut von der Fliegerin *Hanna Reitsch* beschrieben. Sie erstaunte ihre Fluglehrer dadurch, daß sie die am Tag neu gelernten Griffe am nächsten Tag schon voll beherrschte, da sie vor dem Einschlafen jeden Griff in Gedanken geübt hatte. Die Wirkungen der Vorstellung sind gewiß eine altbekannte Sache, aber wenig ausgenutzt. Bei Säuglingen und Kleinkindern muß man sich darauf beschränken, die Übungen mit ihnen zu machen, das heißt, jede Bewegung wird geführt, bis die Kinder nach einiger Zeit beginnen, es selbstständig machen zu wollen oder können. Wie sehr die Kinder die Übungen beschäftigen, sieht man daran, daß sie es gern Erwachsenen zeigen wollen oder mit ihren Puppen üben. Das Wohlbefinden nach den Übungen spüren sie alle und sind darum auch bereit, diese zu machen. Sie fühlen sich vernachlässigt, wenn nicht mit ihnen geturnt wird.

So auch Stefan S., für den es die größte Strafe bedeutete, wenn die Mutter nicht mit ihm übte. Er war ein Spastiker[1] und das Üben mußte über lange Zeit geschehen.

---

[1] krankhafte Vermehrung der Muskelspannung

Wie oft soll man die Übungen machen? Wenigstens einmal täglich sollte es jeder tun, bei dem sich die Notwendigkeit dazu erwiesen hat. Ältere Menschen können keine bessere Gesundheitsprophylaxe treiben. Im Allgemeinen ist die Häufigkeit des Übens abhängig vom Grad der körperlichen Schädigung und der geistigen und seelischen Notwendigkeit und muß vom Erfolg abhängig gemacht werden. Ein schwer Kreislaufgeschädigter wird im Beginn gut tun, dreimal zu üben, später zweimal, bis er so gebessert ist, daß er mit einem Mal auskommt. Das Gefühl für die Notwendigkeit bekommt man im sogenannten Körpergefühl. Dem sollte man nachgeben. Werden die Übungen gekonnt und sind individuelle Rücksichten nicht mehr notwendig, so kann man es als Therapeut wagen, einzelne gleiche Typen zusammen üben zu lassen, was der täglichen Energie etwas Flügel verleiht. Man kann nach Musik üben lassen. Für den *lunaren* Typ hat sich der Tango als rhythmisch günstig erwiesen, während für den *solaren* Typ der dreiviertel Takt des langsamen Walzers geeignet ist. Dabei kann man im Anschluß an die Übungen das typenrichtige Gehen üben. Bei dem *lunaren* Typ ist das alte Wanderlied „Muß i denn, muß i denn zum Städtele hinaus" mit seinem 4/4tel Takt gut, wobei der fersenbetonte Auftritt des Fußes im 3. Viertel erfolgt.

Dem ruhigen Gang des *solaren* oder schreitenden Typs kann man die Melodie eines anderen deutschen Wanderliedes zugrunde legen „Nun ade, Du mein lieb Heimatland". Dabei wird bei jeder Note ein Schritt getan mit leichtem Abrollen des Fußes zur Spitze hin. Die Melodie erleichtert das richtige Gehenlernen sehr, denn es beschwingt innerlich.

Seitendifferenzen lunar

Im Lehrbuch „Medizinische Physiologie" [5] finden wir im Kapitel über höhere Funktionen des Nervensystems einen Abschnitt über das Gesetz der zerebralen[1] Dominanz wie folgt: „Es ist eine Tatsache, der manchmal die Bedeutung eines Gesetzes zugeschrieben wird, daß die intellektuellen Fähigkeiten mehr von der einen Hemisphäre[2] (dominant), als von der anderen abhängen. Ausgedehnte Läsionen der nichtdominanten Hemisphäre z. B. erzeugen keine Aphasie[3]. Für das Phänomen der Dominanz fehlt jede Erklärung. Bei Rechtshändern ist die linke Hemisphäre dominant, wobei die Dominanz mit dem höheren Grad von Geschicklichkeit im Gebrauch der rechten Hand, rechtem Fuß, rechtem Auge in Korrelation steht; bei 2/3 der Linkshänder jedoch ist ebenfalls die linke Hirnhälfte dominant. Bei Patienten mit Cerebralsklerose[4] ist die zerebrale Minderleistung stärker mit einer verminderten O_2-Aufnahme der linken Gehirnhälfte als der rechten korreliert. Wird die dominante Hemisphäre − besonders in einem früheren Lebensabschnitt − zerstört, dann kann die andere allmählich − jedoch selten komplett − die intellektuellen Funktionen übernehmen."

Unsere Beobachtungen und Erfahrungen hinsichtlich der Verschiedenheit in der Funktionsweise beider Körperhälften bleiben auf diese Weise beschränkt, während sich die Aussagen von *Sperry* [15] auf Experimente mit Patienten stützen, die durch Balkentrennung[5] wegen schwerer Epilepsie[6] operativ behandelt wurden. Im „Mannheimer Forum" 77/78 − herausgegeben von der Firma Boehringer Mannheim GmbH in Deutschland − stellte *Eccles* [4] in einem Aufsatz über „Hirn und Bewußtsein" eine Übersicht vor über die experimentell erfahrenen Unterschiede beider Hirnhälften. Während er der dominanten Hirnhälfte eine Verbindung zum Bewußtsein zuspricht, hat nach seiner Meinung die andere untergeordnete Hirnhälfte keinen direkten Bezug zum Bewußtsein. An den sogenannten „split-brain"-Patienten, die aus oben

---

[1] cerebrum = das Gehirn
[2] Gehirnhälfte
[3] Sprachstörung durch Erkrankung des zentralen Sprachapparates
[4] Verkalkung der Gehirngefäße
[5] Verbindung der linken und rechten Gehirnhälfte
[6] Krampfleiden des Gehirns

genannten Gründen eine totale Balkendurchtrennung operativ erfahren haben, wurden die Verschiedenheiten beider Hemisphären experimentell durch *Sperry* [15] und Mitarbeiter nachgewiesen.

Eine Erklärung für diese Verschiedenheit vermag noch niemand zu geben. Die operierten Split-Brain-Patienten waren alle Rechtshänder und hatten das Sprachzentrum in der linken Hirnhälfte. Diese Seite ist für die Sprache zuständig. Sie ist die führende, die mehr exekutiv und mehr aggressive Seite in der Beherrschung des motorischen Systems. Im Gegensatz dazu scheint die untergeordnete Hemisphäre sich der anderen anzupassen. Sprachlich war kein Kontakt mit ihr aufzunehmen, jedoch „accordingly, the nature and quality of the inner mental world of the silent right hemisphere remains relatively inaccessible to investigation requiring special testing measures with nonverbal forms of expression (entsprechend bleibt die Natur und Qualität der inneren geistigen Welt der ruhigen rechten Hemisphäre der Untersuchung verhältnismäßig unzugänglich und fordert spezielle Testmethoden mit nichtsprachlichen Formen des Ausdruckes)." [20] Während bei diesen Experimenten ein in seiner Funktion gestörtes Gehirn vorliegt, haben wir es bei unseren Beobachtungen ebenso wie in der Arbeit von *Schäfer-Schulmeyer* [14] mit intakten Gehirnen zu tun. Beobachtungen wie absolutes Sprachunverständnis auf der nicht-dominanten Seite sind normalerweise nicht festzustellen. Es hat den Anschein, daß zwar eine Arbeitsteilung besteht, aber beide Hemisphären sich durch Informationsaustausch ergänzen. Wir meinten, eine naturgegebene Verschiedenheit in der Arbeitsweise beider Hirnhälften zu erkennen, aber außerdem die jeweils *entgegengesetzten Verhältnisse* bei beiden Typen. Das bedeutet aber, daß es nicht nur eine dominante *linke* Hirnhälfte gibt, sondern auch eine dominante *rechte* Hirnhälfte. Unsere zivilisatorischen Einrichtungen sind weitgehend auf Rechtshändigkeit eingestellt. Die rechte Hirnhälfte, zuständig für künstlerisches Empfinden, Musikalität, schöpferische Begabung würde vernachlässigt zugunsten der linken Hirnhälfte, die auf logisches, abstraktes und mathematisches Denken spezialisiert sei. Nach unseren Erfahrungen ist die starke Rechtsbetonung für jedermann ein besonderer Verstoß gegen die naturgegebene Anlage des *solaren* Typs, dessen Linkshändigkeit und Linksseitigkeit unterdrückt wird von früher Jugend an, wie ich in dem Kapitel über „Seitendifferenzen solar" schildere. Sein Sprachzentrum liegt rechts, seine dominante Hirnhälfte ist rechts und somit seine körperliche Kraftseite links, die untergeordnete Hirnhälfte ist links. Wie stark eine Umdressierung verändernd wirkt, müßte nach Kenntnis der Typen untersucht werden. Beim *rechtshändigen lunaren* Typ ist das Sprachzentrum links nachgewiesen und seine dominante Hirnhälfte links. Bei natürlicher Entwicklung ist diese Seite daher bei diesem Typ befähigter zu schwerer körperlicher Leistung, zu mehr Ausdauer und Geschicklichkeit. Die linke Körperhälfte führt, da sie von der untergeordneten Hirnhälfte gesteuert wird, ihre Tätigkeiten weitgehend als nur mittuend aus, sofern es sich nicht um emotionale und nichtsprachliche Impulse handelt. Schreiben als eine lang anhaltende und sprachlich abhängende Tätigkeit geschieht rechts. Kraftanstrengungen wie Schaufeln, Graben, Tragen, langes Stehen müssen rechtsbetont getan werden, während kurze leichte Tätigkeiten wie Gestik links besser ausgeführt sind. Die Folgen falscher Verhaltensweise besonders am Arbeitsplatz sind Unbehagen bei der Arbeit, Leistungsminderung, schließlich Krankheit und organische Störungen. Beispiele dafür finden wir aus dem Erwachsenenbereich im Kapitel „Übungen solar" und bei *Schäfer-Schulmeyer* [14]. Kinder des lunaren Typs werden spontan die rechte Hand reichen. Verhalten sie sich anders oder werden umdressiert, so liegen offene oder verborgene Störungen vor oder sie entstehen.

Es ist also arbeitsphysiologisch wie erzieherisch von großer Bedeutung, keine Zwänge auf die Bevorzugung einer Seite auszuüben, solange man nicht durch Berechnung die Verhaltensweise typisiert hat.

„Usually both eyes work together with one eye dominating. You may be right-eyed just as you are right-handed (Gewöhnlich arbeiten beide Augen zusammen, wobei ein Auge führt. Du kannst rechtsäugig sein ebenso wie rechtshändig)", so schreibt *Joan Steen Wilerth* [16] in ihrem Buch „The Senses of Man (Die Sinne des Menschen)". Rechts- oder linksäugig testete sie, indem sie einen entfernten Gegenstand fixieren ließ, dann die Augen im Wechsel schließen. Wenn man rechtsäugig ist, so wird beim Schließen des rechten Auges der fixierte Gegenstand nach rechts abweichen, ist man linksäugig, dann bleibt beim Schließen des linken Auges der Gegenstand stationär.

Wir machten unsere Beobachtungen am deutlichsten an schielenden Kindern. Hält man einem *lunaren* Kind, das schielt, einen beweglichen Gegenstand an einem Faden hängend in etwa 20 cm Abstand vor die Augen, so wird man beobachten, daß sich zunächst nur das linke Auge in Fixation einstellt. Geht man mit dem Gegenstand langsam von dem Auge weg, so kehrt das linke Auge wieder in Schielstellung zurück, während das rechte Auge mit zunehmender Entfernung fixiert und die Bewegung in die Ferne verfolgt. Wie lange es dazu in der Lage ist, hängt von eventuellen Sehfehlern und der Konzentrationsfähigkeit ab. Kehrt man mit dem Gegenstand wieder näher an die Augen zurück, so wird an einem bestimmten Punkt das linke Auge beim Nahsehen wieder die Führung übernehmen. Beim Normalsichtigen geschieht dasselbe, nur nicht mit derselben Deutlichkeit wie beim schielenden Kind, das ohnehin noch völlig unbeeinflußbar ist. Auf dieser Tatsache kann man ein Augentraining aufbauen, da man diese sonst unbewußte Augenführung dem älteren Kind und Erwachsenen bewußt machen kann, so daß der Betreffende selbst angeben kann, welches Auge in Führung liegt. Bei dem *solaren* Typ führt beim Nahsehen das rechte Auge und beim Weitsehen das Linke.

Außerdem erfolgt die Umschaltung von Weit auf Nah bei dem *solaren* Typ langsam, während sie bei dem *lunaren* Typ schnell erfolgt, und umgekehrt ist die Umschaltung von Nah- auf Weitsehen bei dem *solaren* Typ schnell, während der *lunare* Typ langsamer auf Weit umschaltet. Darin mag die schnellere Orientierungsmöglichkeit des *solaren* Typs seine Ursache haben. Stellt man Personen verschiedenen Typs zur gleichen Zeit in einen ihnen unbekannten Raum und läßt sie anschließend beschreiben, was sie gesehen haben, so wird nach kurzer Zeit der *lunare* Typ sagen können, was er vielleicht in der Mitte des Raumes wahrgenommen hat, sozusagen vordergründig, während der *solare* Typ in derselben Zeitspanne detaillierte Feststellungen im gesamten Raum gemacht hat. Bei Tatortbeschreibungen in der Kriminalistik zum Beispiel werden da Unterschiede sein. Die Augen liegen beim *solaren* Typ in der gut durchbluteten Warmzone. Das bedingt ganz allgemein ein schnelleres und besseres Sehen.

Die Tätigkeit der Ciliarmuskeln[7] ist von verschiedenen Hirnhälften abhängig, ebenso wie Rechts-Linkshändigkeit. Das nasale Gesichtsfeld des *solaren* linken Weitauges wird von der nichtdominanten linken Hirnhälfte innerviert, das temporale von der dominanten rechten Hirnhälfte. Das rechte Nahauge wird temporal von der linken Hemisphäre und nasal von der dominanten rechten Hirnhälfte innerviert. Beim *lunaren* Typ würde die Dominanz der Hirnhälften umgekehrt sein. Wahrlich, eine komplizierte Sache.

Bislang haben wir nach der berechneten Zugehörigkeit in mehreren Fällen Weit- und Kurzsichtigkeit mit oder ohne Schielen mit Augenübun-

---

[7] Augenmuskeln

gen behandelt, um Kindern und Jugendlichen das Tragen einer Brille zu ersparen.

Karola P. geb. 28.2.1957, ein solarer Typ, war ein Jahr in der Sehschule einer Universitätsklinik wegen Schielens behandelt worden, jedoch ohne Erfolg. Wir behandelten das damals 5jährige Kind mit allgemeiner Übungsbehandlung, um alle Verspannungen zu lösen. Dann begannen wir mit Augenübungen. Eine jährliche Kontrolle zeigte einen Dauererfolg.

„The reflex cution of the eye in response to light is determined by the parasymphathetic nervous system and emotional by the sympathetic system (Die reflektorische Schließung des Auges in Antwort auf Licht wird ausgelöst durch das parasympatische Nervensystem und gefühlsmäßig durch das sympatische System)." [18] Diese vom Willen unabhängigen Reaktionen des Auges lassen es zu, die Typenzugehörigkeit zu testen.

Auch die Ohren zeigen eine Seitenverschiedenheit, wie *Donald Broadbent* [2] berichtet. Dies entspricht auch unseren Beobachtungen, allerdings wieder kompliziert durch die Typenverschiedenheit. Da uns aber quantitativ die Erfahrung fehlt, möchte ich dazu keine Angaben machen. Immerhin ist auch dies interessant zu beobachten, wie ein schwerhöriger Mensch auf beiden Seiten für laute und leise Töne verschieden empfänglich ist. Auch hier wäre ein Hörtraining möglich, wie ich bei Kindern feststellte.

Seitendifferenzen solar

Die Arbeit von *Schäfer-Schulmeyer* „Über die Lateralitätsveranlagung beim Menschen als Naturgesetz und dessen phänomenale Auswirkungen durch einen hierdurch bedingten individuell gehenden Rhythmus" [14] basiert auf den gleichen Erkenntnissen wie unsere Erfahrungen. Die Autorin geht in ihrer Arbeit einen anderen Weg, indem sie die Lateralitätsveranlagung als Ursache für die Verschiedenartigkeit der Typen ansieht. Doch da wir nicht wissen, welches die eigentlichen Ursachen dieser Gegensätzlichkeit sind, so ist es müßig, um den Ansatzpunkt zu diskutieren. Jedes Naturgesetz und alle Auswirkungen sind wichtig und die Erforschung eine große Sache. *Hartmann* schreibt in seinem schon erwähnten Buch: „Wenn einsichtige Ärzte behaupten, im menschlichen Körper seien rechte und linke Seite polar verschieden und deshalb entsprechende therapeutische Maßnahmen angebracht, dann wird dies untermauert, wenn man im Georhythmogramm den Einfluß der rechten oder linken Hand eines Menschen sieht, die der Versuchsperson über die Epiphyse[1] gehalten wird. Eindeutig und reproduzierbar treibt die Hand den Widerstand hoch, die andere erniedrigt ihn." [7] Zu diesem Vorgang vermag ich nicht Stellung zu nehmen, will es hier nur anführen. Von *Robert Ornstein* wird in einem Interview mit der amerikanischen Wochenzeitung „National Tattler" behauptet, daß die rechte Gehirnhälfte verkümmert durch fast ausschließliche Beanspruchung der rechten Seite in unserem Tun. (Durch Kreuzung der Nervenbahnen im Gehirn ergibt sich die zu geringe Aktivierung der rechten Gehirnhälfte.) Das gibt Anlaß zum Nachdenken. Hiermit ist nur die Dressur auf Rechtshändigkeit angesprochen, nicht aber die als Typ mitbekommene Betonung der einen oder anderen Seite als Kraft beziehungsweise als geistig führende Seite. Ich habe seit Jahren beobachtet, wie manche Kleinkinder beim Betreten des Sprechzimmers unbekümmert spontan die linke Hand reichen, und die Mutter augenblicks mahnt: „Gib das gute Händchen." Fast ausnahmslos handelte es sich um *solare* Typen, die ihrer Natur entsprechend als Linkshänder die linke Hand bevorzugten. Und so früh schon setzt in unserer zivilisierten und auf rechts eingestellten Welt die Umdressur ein. Unsere Aufstellung zeigt — ebenso wie die Feststellung von Frau

---

[1] Wachstumszone der langen Röhrenknochen an ihrem Ende

Schäfer-Schulmeyer [14] — eine Aufschlüsselung der Typen in 50% zu 50% jeden Typs. Also 50% wollen nach ihrer biologischen Veranlagung Linkshänder sein, werden aber daran gehindert. Sie kommen in die Schule und wurden bis vor kurzem an den meisten unserer Schulen gezwungen, rechts zu schreiben. Die oft bösen Folgen zeigen sich erst in späteren Jahren.

Mein Sohn bekam Tadel wegen seiner schlechten Schrift, die nicht zu seiner sonstigen manuellen Geschicklichkeit paßte. Ich kannte damals die Typenlehre noch nicht und sah alles als eine Erziehungsfrage an. Es blieb aber nicht allein bei der schlechten Schrift, sondern mehr und mehr litt die Rechtschreibung, mehr als seiner normalen Begabung entsprach. Er ist heute Arzt, aber Schrift und Rechtschreibung zeigen noch Zeichen der damaligen Schwäche, die dem solaren Typ andressiert worden war. Seine Frau, gleichen Typs, lernte in Australien nach ihrem Belieben links schreiben mit Schräglage der Unterlage. Sie hat eine wohlausgeprägte Handschrift. Ein Großneffe gleichen Typs mußte auch rechtshändig schreiben, was ebenfalls zu schlechter Schrift und Rechtschreibung führte. Die Lehrer zweifelten an seiner schulischen Entwicklung. Er wurde für sehr viel Geld psychologisch getestet, und man fand heraus, daß der schwarzgemalte Vater an allem schuld sei. Dieser war aber heiß geliebt und nur schwarz gemalt, weil er Pfarrer war und dem Jungen der Talar so imponierte. Wir behandelten ihn mit den Übungen, die ihn entspannten und setzten ihn in der Schrift auf links um. Er kam in die Oberschule und wurde dort Schulsprecher.

In diesem Sinne ein besonders krasser Fall war der Gymnasiast Karsten E. geb. 26.5.1959, ein solarer Typ. Auch er mußte rechts schreiben. In den oberen Klassen des Gymnasiums stellten sich so schwere Schreibstörungen ein, daß er schulisch nicht mehr mitkam, da er beim längeren Schreiben die Führung über die Hand verlor. Nachdem klinisch eine hirnorganische Schädigung ausgeschlossen war, wurde Karsten im Herbst 1970 in die Nervenklinik verlegt und dort ein Jahr psychotherapeutisch behandelt, dann sollte er in ein heilpädagogisches Heim verlegt werden. Als die Eltern dies nicht wollten, kamen sie zu mir. Es bedurfte großer Anstrengungen, den Jungen nach Hause zu bekommen, da die Fürsorgestellen ihn nicht frei geben wollten. Wir behandelten ihn mit den Entspannungsübungen, stellten ihn auch in Ernährung und Lebenshaltung auf seinen Typ um und schulten ihn im Schreiben auf Linkshändigkeit. Im Beginn unserer Behandlung am 9.9.1971, etwa ein Jahr nach

Beginn der klinischen Behandlung war folgendes festzustellen: Die Kopfhaltung war nach hinten geneigt, die Arme waren beim Anheben wie aus Eisen, die Füße in Bauchlage extrem nach innen rotiert. Die Fußübungen konnten von Karsten nicht gemacht werden aus völligem Mangel an Konzentrationsfähigkeit und Koordinationsmöglichkeit. So wurde die linke Ferse immer etwa 30 cm tiefer gehalten, ohne daß der Junge dies bemerken konnte. Die Impulse waren schwach. Körpergefühl fehlte vollständig. Seelisch war er resigniert und völlig entmutigt. Karsten gewann dann sehr schnell Zutrauen, die Schrift besserte sich zusehends. Die Schule wurde um Genehmigung zum Linksschreiben gebeten. Im Juli 1972 hatte er ein sehr gutes Zeugnis. In der Zukunft wurden die Übungen ab und zu kontrolliert. Jetzt ist er in Berufsausbildung mit normalem Verlauf.

Tab. 7: Seitendifferenzen solar

GESAMTKÖRPER	GANG	STAND	ARME UND HÄNDE	BEINE UND FÜSSE
linke Seite: Kraftseite rechte Seite: leichte Tätigkeiten, Gestik	rechtsbetont links mitschwingend Betonung des Fußabdrucks von der Fußspitze	linksbetont	linker Arm und linke Hand für kraftvolle Tätigkeiten rechter Arm und rechte Hand für leichte, diffizile Tätigkeiten Schreiben links	linkes Bein ist Sprungbein

Tab. 8: Seitendifferenzen lunar

GESAMTKÖRPER	GANG	STAND	ARME UND HÄNDE	BEINE UND FÜSSE
rechte Seite: Kraftseite linke Seite: leichte, diffizile Tätigkeiten, Gestik	linksbetont rechtes Bein mitschwingend, Fersengang kleine, schnelle Schritte aufwärts: große Schritte linksbetont abwärts: kleine Schritte rechtsbetont	rechtsbetont	rechte Hand und Arm Krafthand und -arm linke Hand und Arm für Gestik und leichte Tätigkeiten	rechtes Bein: Kraft und Absprung

Ratschläge zur typenrichtigen Krankenbehandlung

Im Studium wurden wir von einem Professor überrascht mit der Frage: „Was geschieht, wenn ein Patient das verschriebene Medikament nicht einnimmt, sondern es ins Klosett wirft?" Die Antwort eines Studenten: „Er wird trotzdem gesund" trug ihm höchstes Lob ein. Diese kleine Anekdote soll die Tatsache unterstreichen, daß mehr Medikamente verordnet werden als notwendig. Wie aber kommt es ohne Medikamente zur Heilung, welche Kräfte im Körper bringen Heilung? Wie kann man diese Kräfte stärken und nutzbringend einsetzen und ausnutzen? Was aber hindert den nutzbringenden Einsatz dieser Kräfte? Was fördert den Medikamentenmißbrauch?

Mangelndes Körpergefühl, Bequemlichkeit, Fehlpropaganda, Ahnungslosigkeit vor den möglichen Nebenwirkungen mancher Medikamente, psychische Verspannung mit mangelndem Vertrauen auf die Gesundheit, Zeitmangel, Streßsituationen lassen eine Tablette schneller einnehmen. Die Verschiedenartigkeit der Reaktion auf Medikamente hat manches Mal eine längere, intensivere oder gar vergebliche Behandlung zur Folge. Unterschiedlich ist zudem auch die Reaktion auf physikalische Behandlungen. Alle diese in der Medizin wohlbekannten Faktoren veranlassen mich, meine Erfahrungen mit der Typenlehre auf dem Gebiet der Krankheiten mitzuteilen, um vorstehende Schwierigkeiten meistern zu helfen durch eindrucksvolle individuelle Möglichkeiten in Prophylaxe und Behandlung. Manches Medikament könnte gespart werden und mancher Umweg vermieden. Es geht nicht darum, dem allgemeinen medizinischen Wissen ein Besserwissen entgegenzusetzen, sondern um nachprüfbare Wege aufzuzeigen, die durch die Berücksichtigung der Typenverschiedenheit schneller und sicherer zum Ziel führen können. Oft kann auch da noch Hilfe gebracht werden, wo nach medizinischem Dafürhalten nichts mehr zu machen ist. Die Ansprechbarkeit des Körpers auf typenrichtiges Verhalten ist ungewöhnlich groß, so daß die Erfolge oft ans Wunderbare zu grenzen scheinen.

Beginnen wir mit den Atmungsorganen des *lunaren* Typs. Eine der erregenden Situationen für Eltern und Arzt ist der kindliche „Pseudokrupp" – Kehlkopfkrupp (Laryngitis ac.). Meist werden diese Kinder bereits im Beginn der Erkrankung mit Blaulicht in die Klinik gefahren zu entsprechender Therapie bis hin zum Luftröhrenschnitt (Tracheotomie). Gelang es, Kinder und Eltern zu beruhigen, ohne den Ernst der Lage herunterzuspielen, so kam ich in nahezu allen Fällen mit folgender Therapie aus: Die *lunaren* Kinder wurden in die sie entspannende flache Rückenlage gebracht, auf den Kehlkopf wurden Eispackungen gelegt und gleichzeitig etwas Heißes zu trinken gegeben. Die Eispackung wirkt in der Kaltzone dieses Typs sehr schnell entzündungshemmend. Der bei vielen, mir meist unbekannten Kurgastkindern einsetzende Ablauf von erstem Husten, Angst vor Klinik, Spasmus, Angst der Eltern, Luftnot und schließlich Einweisung in die Klinik, entstand nicht. Damit war das Spiel gewonnen, die Verkrampfungen lösten sich.

Bei dem *solaren* Typ wurden die Kinder in die sie entspannende Bauchlage gelegt. Der Kehlkopf bekam feucht-warme Wickel und feucht-warme Inhalationen mit Kamillendampf. Dies ließ sich sogar in den Hotelbetten machen, wenn man mit Hilfe eines Regenschirmes und Lakens ein Zelt über das Kind baute, in das man einen Kocher mit Kamillendampf hineindampfen ließ. Die seltsam faszinierende Attraktion eines Regenschirmes bewährte sich als zusätzliches Beruhigungsmittel. Calcium-Gaben, milde Sedativa[1] und ein krampflösender Hustensaft, vielleicht auch in fieberhaften Fällen ein Antibiotikum ersparten in fast allen Fällen eine Klinikeinweisung. Es sei an dieser Stelle ausdrücklich betont, daß ein *diphtherischer*[2] Krupp sofort in die Klinik gehört.

Bei der *Bronchitis*[3] des *lunaren Typs* ist der feucht-warme Brustwickel das Mittel der Wahl, da der Brustraum sich durch die feuchte Wärme optimal dehnt. Bei chronischer und spastischer Bronchitis sollten zweimal täglich Einatemübungen gemacht werden. Wesentlich natürlich die Rückenlage. Gefäßerweiternde Mittel erleichtern die Heilung.

Bei dem *solaren* Typ ist die Bauchlage das Wesentliche und kräftiges Abklatschen eventuell mit kaltem Tuch des Brustkorbes von unten nach oben. Bei Pneumoniegefahr wirkt der Senfwickel gut. Außerdem wird man zur forcierten Ausatmung anhalten. Die Luft wird trocken gehalten. Gefäßverengende Mittel erleichtern die Ausatmung.

---

[1] Beruhigungsmittel
[2] Infektionskrankheit mit bellendem Husten
[3] Entzündung der Luftwege

Haut

Die Haut ist weitgehend abhängig von der Ernährung und Pflege. *Lunar:* An allen Warmzonen sind warme Waschungen und Packungen angebracht. Ebenso *Jod, Teersalben, Zink und Schwefelsalben.* Die Kaltzonen Gesicht, Hals und Becken werden kalt behandelt. Sie reagieren gut auf *adstringierende*[4] Mittel wie Eichenrinde, Tannin, Lebertransalben. Farbstoffe sind wirksam, ebenfalls kurze *Eisauflagen.* Bei allergischen Reaktionen wie Urtikaria ist die Einschränkung von Eiweiß und Zucker wichtig.

Der *solare* Typ hat an seinen Warmzonen Gesicht, Hals und Becken gern feuchte Wärme, am übrigen Körper sind kalte Waschungen oder mäßig warme Bäder angenehmer. Er verträgt die künstliche Höhensonne besser als der lunare Typ. Puder und Öle sind gut. Das Babygesäß als Warmzone reagiert sehr gut auf Zinksalben. Bei allergischen Reaktionen sollte die Therapie mit Calcium beginnen.

Von großem Interesse war die Behandlung von Geschwistern, von denen Juliane, geb 22.12.1964 ein lunarer Typ war, während der Bruder Christian geb. 25.6.67 zum solaren Typ gehörte. Beide Kinder litten wie die Mutter an einer Neurodermitis[5]. Wir hatten also zwei Kinder aus dem gleichen Milieu, mit derselben Krankheit aber typenverschieden. Juliane erholte sich nach der Übersiedlung der Eltern an die Ostsee, während Christian sich im trockenen Binnenklima zuvor besser gefühlt hatte. Sie bekamen einen völlig entgegengesetzten Kostplan und Salben. Beide Kinder sahen allmählich ein, daß das verschiedene Dürfen ausschlaggebend für ihr Befinden war. Sie spürten selbst jede Verschlechterung nach Kostfehlern. Juliane fühlte sich wohler im feuchtkalten Winter, und ihre langjährige chronische Bronchitis heilte aus. Christian dagegen lebte im heißen Sommer auf. Der Abschied von diesen beiden Patienten fiel mir sehr schwer, da beide Kinder diese gegensätzliche Führung ihrer Gesundheit als richtig empfunden hatten und sehr vertrauensvoll waren.

Kopf, Nerven: lunar

Bei Commotio und Contusio cerebri ist eine optimale Kopfdurchblutung notwendig, die wir bei dem *lunaren* Typ mit strenger Rückenlage

---

[4] zusammenziehende
[5] Hauterkrankung

erzielen. Gefäßerweiternde Mittel können zusätzlich gegeben werden. Die Kopfhaltungsübung sollte oft und verlängert gemacht werden, wodurch eine Heilung sehr beschleunigt werden kann. Umgekehrt beim *solaren* Typ, siehe unten.

Schlaflosigkeit führt besonders stark zu Tablettenabusus. Hier hilft die Kopfübung in besonderem Maße und erspart Tabletten. Die Kopfübungen lassen sich auch mit gutem Erfolg in der Vorstellung machen (siehe „Variationen der Übungen"). Dasselbe gilt für Gedächtnisschwäche. Wie schon bei der Beschreibung der Übungen erwähnt, sind bei Konzentrationsstörungen die korrekt ausgeführten Fuß- und Kopfübungen sehr wichtig. Bei nervöser Überreiztheit sind die Zehen oft plantar[6] gekrallt und müssen durch Zehenübungen gestreckt werden. Bei Spasmen aller Art spielen verlängerte Haltungsübungen eine wesentliche Rolle. Die Funktionsübungen finden ohnehin Gefallen, da sie ein Ventil für die nervliche und muskuläre Überreiztheit bilden. Die Warmhaltung der verkrampften Körperteile ist eine notwendige Hilfe. Migränen sind gut zu behandeln mit allgemeiner Entspannung und anschließender intensiver Kopfdurchblutung durch die Kopfübungen, wobei sich schnell erweist, wie notwendig die Kenntnis des Typs ist. Als Anmerkung sei hier gesagt, daß beim autogenen Training sich in manchen Fällen Migränen und Kopfweh eingestellt haben, wenn eine kalte Stirn suggeriert wurde und die Suggestion auf einen *solaren* Typ traf. Dieser braucht in der Stirn Warmgefühl. Das bedeutet Abzug des Wärmeüberschusses im behaarten Kopf hinunter in den unbehaarten Vorderkopf.

Würde daher ein *solarer* Typ bei einer Commotio oder Contusio cerebri[7] auf den Bauch gelegt mit einem Eisbeutel auf den Kopf, dazu möglichst viel forcierter Ausatmung und langer Kopfhaltungsübung, so würden diese Maßnahmen zu einer beschleunigten Heilung führen.

Für Schlaflosigkeit, Gedächtnis und Konzentrationsschwäche gelten dieselben prinzipiellen Ratschläge wie für den lunaren Typ.

Bei nervöser Überreiztheit sind die Zehen häufig dorsal[8] flektiert und müssen in Zehenübungen entspannt werden, manchmal mit passiver Hilfe. Über die Bedeutung des Calcium bei diesem Typ ist im Kapitel über den Stoffwechsel berichtet. Es besteht eine stärkere Neigung zu

---

[6] fußsohlenwärts
[7] Gehirnerschütterung und Gehirnquetschung
[8] rückwärts gebeugt, zum Rücken hin gebeugt

tetanischen[9] Zuständen bei motorischer Überforderung. Ebenso scheint der Calciumbedarf nach starker Besonnung anzusteigen, wie man am Strand beobachten konnte. Bei dem rachitischen Säugling wird zusätzlich Calcium neben Vitamin D3 gegeben, besonders zur Krampfprophylaxe.

Gesicht, Hals, Rachen: lunar

Anginen[10], besonders bei Beteiligung der Halslymphdrüsen, reagieren sehr gut auf Eiswickel. Dieser muß immer durch ein leichtes Tuch von der Direktberührung mit der Haut abgehalten werden. Wird es als zu kalt empfunden nach einigen Minuten, so legt man kurze Pausen ein. Die Wirkung ist schnell da. Zusätzlich kann man noch heiße Getränke geben nach dem Prinzip: innen heiß, außen Eis. Eispackungen bewähren sich auch bei Sinusitiden[11] maxillaris und frontalis. In die Nase gibt man adstringierende Tropfen und Salben, ebenso in die Augen bei Konjunktivitiden[12]. Die Ohren werden, da sie in der Warmzone Hinterkopf liegen, mit Wärmestrahlung oder warmen Kompressen behandelt, wobei man die Wärme von hinten kommen läßt.

Die *Struma juveniles*[13] entsteht in vielen Fällen durch eine Fehlhaltung des Kopfes. Bei zu starkem Hängenlassen des Kopfes nach vorn kommt es zu Stauungen der Halsgefäße, was dem *lunaren* Typ schlecht bekommt. Durch konsequente Geradehaltung des Kopfes und Beseitigung bestehender Stauungen durch Hals- und Kopfübung läßt sich dies sehr gut beeinflussen.

Hals, Rachen, Gesicht: solar

Umgekehrt finden wir dasselbe Leiden durch zu starkes Dorsalneigen des Kopfes bei dem *solaren* Typ. Auch die Angewohnheit, den Kopf schwungvoll nach hinten zu schlagen, um die Haare aus dem Gesicht zu werfen, erzeugt zwar kurzfristige, aber sich ständig wiederholende Stauungen.

---

[9] schmerzhafter Muskelkrampf
[10] entzündliche Rötung und Schwellung des Rachens
[11] Kiefer- und Stirnhöhlenentzündung
[12] Bindehautentzündungen
[13] jugendliche Schilddrüsenvergrößerung

Was eine falsche Kopfhaltung anrichten kann, erlebten wir bei dem kleinen Stefan S. Nach einer schweren Geburt war sein Kopf stark dorsal flektiert und dieser Tatsache war nicht genügend Beachtung geschenkt worden. Er blieb in seiner funktionellen Entwicklung zurück. Als er in Behandlung kam, war er bereits zwei Jahre. Er war ein *solarer* Typ und somit wirkte sich seine Kopfhaltung besonders schlimm für ihn aus. Er saß angelehnt, Kopf nach hinten gebohrt und die untere Wirbelsäule in starker Kyphose[14]. Die ventral[15] gekrümmte Halswirbelsäule war weit nach vorn geschoben, und der siebente Halswirbel lag so tief, daß er kaum noch tastbar war. Die Haut darüber war ischämisch[16]. Stefan war ein freundliches Kind, konnte aber weder sprechen noch stehen. Die Übungsbehandlung hatte zunächst zum Ziel, die Kopfhaltung zu ändern, was für das Kind sehr schmerzhaft und unangenehm war. Bauchlage, Spielen mit nach vorn gebeugtem Kopf und allgemeine Entspannung durch die Gesamtübungen halfen mehr und mehr. Stefan lernte Sprechen, Schwimmen, Radfahren, langsames Gehen und wurde ein sehr fröhliches, aufgeschlossenes Kind.

Bei Anginen und Drüsenaffektionen sind für den wärmebedürftigen Hals feuchtwarme Halswickel, Kataplasmen[17] oder Ölwickel sehr wohltuend und heilend. Man kann das Öl mit leichter Rundmassage einreiben. Bei Sinusitiden sind feuchtwarme Inhalationen wirkungsvoll und eine Rhinitis[18] kann mit warmen Kompressen und milden Nasensalben behandelt werden, nicht aber mit adstringierenden Mitteln, die sogar eine chronische Rhinitis herbeiführen können. Konjunktividen reagieren wie die Nasenschleimhaut. Anders die Ohren, die zur Kaltzone „behaarter Kopf" gehören. Sie vertragen nur Wärme vor dem Ohr vom Gesicht her.

Bauchorgane, Unterleib: lunar

Die Oberbauchorgane wollen feuchte Wärme. Eine weiche Rundmassage von lateral nach medial zur Magengrube aktiviert die Durchblutung. Die Oberkörperübung und besonders die Positionsübung sollte

---

[14] Rückgratverkrümmung nach hinten
[15] bauchwärts
[16] mangeldurchblutet
[17] heißer Breiumschlag
[18] Schnupfen

mehrmals gemacht werden. Gastritis, Leberschaden, Ulcus[19] sind gut beeinflußbar. Die Nieren reagieren ebenfalls auf feuchte Wärme, gefäßerweiternde Mittel sind günstig.

Von der Gürtellinie abwärts ist das *Becken* mit kalten Waschungen und harter Klopfmassage zu behandeln. Bei Unterleibserkrankungen kommen wieder Eispackungen zur Geltung. Die Obstipation[20] hat bei diesem Typ häufig ihre Ursache in zu eiweißreicher Kost. Meist handelt es sich um ein zu viel an Milch und Quark. Abführmittel haben wir bei Kindern höchstens am ersten Tag der Behandlung gegeben in Form von abführenden Zäpfchen. Es mag unglaublich klingen, aber per os gegebene Abführmittel habe ich so gut wie nie gebraucht, auch nicht in dem Kleinkinderheim bei 75 Kleinkindern. Typenentsprechende Kost, regelmäßiger Stuhlgang am Morgen und genügend Bewegung waren Therapie genug. Eine eiweißarme Kost, Saft von Citrusfrüchten, Karotten, Kartoffeln und kräftiges sauer gebackenes Brot (Schwarzbrot macht oft Blähbeschwerden) erwiesen sich einleitend als richtig. Die Gewöhnung des Darmes an Abführmittel bereits in der Kindheit gibt wenig Aussicht auf ein späteres normales Funktionieren des Darmes.

Bauchorgane, Unterleib: solar

Was bei dem lunaren Typ die feuchte Wärme tut, schafft bei dem solaren Typ die trockene Kälte. Bei einer Gastritis sollte man viele kleine Mahlzeiten geben und Säure sorgfältig vermeiden. Magerquark ist bei der Gastritis des solaren Typs besonders gut, da es den hohen Eiweißbedarf deckt, ohne zu belasten. Der Quark ist ein wesentlicher Bestandteil der Leberdiäten (leider jedoch auch für den lunaren Typ, für den das hohe Eiweißangebot schlecht ist). Harte Klopfmassage des Oberbauches und weiche Rundmassage des Unterleibes sind gute Helfer des Verdauungstraktes. Es ist mir kaum ein solarer Typ bekannt, der nicht zu Obstipation neigt. Die heutige Kost ist zu fettreich und schlackenarm. Die Mahlzeiten sind reduziert auf höchstens drei. Bewegung gibt es zu wenig. Saure Nahrungen sind beliebt, ebenso scharfe, durstmachende Gewürze. So kommt es zu einer Summation schädigender Faktoren für

---

[19] Geschwür
[20] Stuhlverstopfung

den Darmtrakt des solaren Menschen. Morgens ein Löffel Honig, Malz-extrakt, getrocknete Pflaumen, Datteln, Feigen sind neben Weizenschrot oder Leinsamen genügend Abführmittel, wenn anschließend die Kost ty-penrichtig geregelt wird.

Bei Dyspepsien[21] ist Reis das sicherste Stopfmittel. Die Banane stopft nicht, sondern reguliert. Auf den Reis folgt Magerquark oder eiweißhal-tige Nahrung in anderer Form. Zucker kann als dextrinierter Zucker oder Honig sofort gegeben werden. Bei Adipositas[22] sind häufige kleine Mahlzeiten besser als zu starker Nahrungsentzug, da sie besser verwertet werden und es nicht zu einer Überhungerung kommt, die zum gierigen Verlangen führt. Fettfreie Kost und wenig Flüssigkeit sind wesentlich. Es erübrigt sich jede „Entfettungsdiät".

Fettsucht lunar

Im Gegensatz dazu soll der adipöse lunare Mensch viel trinken, sich reichlich bewegen, nur drei Mahlzeiten einnehmen und sich vor Kohlen-hydraten hüten, vor allem Zucker. Jeder Diätplan mag Vorzüge haben, wesentlich ist aber und sehr viel erfolgreicher, sich nach der typenrichti-gen Ernährung zu richten.

Ein australisches Ehepaar machte die gleiche amerikanische Diätkur und stellte schließlich fest, daß die kohlenhydratarme Kost dem lunaren Mann sehr gut bekommen war, während die solare Frau sich schlapp fühlte, schließlich fieberhaft erkrankte und in der Rekonvaleszenz keine Widerstandskraft hatte. Kostumstellung auf solare, kohlenhydratreiche Kost half dann bald.

Menstruationsstörungen und manche gynäkologische Erkrankung beruhen auf Verspannung im Unterleib. Hier sind die typenrichtigen Übungen wichtig (Oberschenkel und Becken).

Bei Blasenreizungen genügt beim *lunaren* Typ, das Becken kalt zu wa-schen, was jede andere Therapie ergänzt oder ersetzt. *Solare* Typen ma-chen dagegen warme Sitzbäder.

---

[21] Durchfälle
[22] Fettsucht

Herz und Kreislauf: lunar

Bei Gesunden ändert sich die Herzfrequenz mit den Atemphasen. Bei flacher Atmung kann dieser Einfluß auf die Herztätigkeit fehlen, tritt aber bei vertiefter Atmung auf. Vertiefte Atmung ist der wesentliche Faktor bei unserer Übungsbehandlung. Bei dem *lunaren* Typ haben wir die *vertiefte Einatmung*, die den Zustrom zum Herzen begünstigt und damit die Füllung des Herzens verbessert. Obwohl die Herztätigkeit unabhängig von nervösen Einflüssen und ohne Steuerung vom Gehirn vor sich gehen kann — wie ein isoliertes Herz in Nährlösung zeigen kann —, so ist die Herztätigkeit doch abhängig von den Herzknoten als Zeitgeber, von Sympathikus und Vagus als Steuerer der Herzfrequenz. Unter Vagusreizung vermindert sich die Frequenz der Herztätigkeit, durch die Inspiration[23] verlängert sich die diastolische[24] Phase und somit die Füllung des Herzens und die koronare Blutzufuhr[25] zu den subendocardialen[26] Myocardgebieten des linken Ventrikels[27]. Impulse von Dehnungsrezeptoren der Lunge hemmen über den afferenten[28] Vagus das Herz-Hemmungszentrum in der medulla oblongata[29]. Die efferenten[30] tonischen, die Herzfrequenz niedrig haltenden Vagusentladungen vermindern sich, und die Herzfrequenz steigt an. Hinzu kommt das Ausstrahlen von Impulsen des Inspirationszentrums zum Herzbeschleunigungszentrum. In der Exspiration[31] nimmt die Herzfrequenz ab.

Herz und Kreislauf: solar

Je größer das Blutvolumen im Beginn der Systole im Herzen ist, um so größer wird die Menge des ausgepumpten Blutes sein. Die Kontraktion[32] des Herzmuskels wird stärker sein, da sie sich dem Innendruck anpaßt. Bei forcierter Atmung wird die CO_2-Menge im Blut schneller entfernt und

---

[23] Einatmung
[24] rhythmische Erschlaffung, Erweiterung des Herzens
[25] Blutzufuhr der Herzkranzgefäße
[26] unter der Herzinnenhaut gelegene Herzmuskelgebiete
[27] Herzkammer
[28] zuführenden (Vagus = Hirnnerv)
[29] Gebiet im Hirn
[30] herausführenden
[31] Ausatmung
[32] Zusammenziehung

die stimulierende Wirkung des CO_2 auf die Herzfrequenz herabgesetzt. Ähnliche Wirkungen übt der Vagusreiz über den Atrioventrikularknoten[33] aus und ähnlich ist die Wirkung der Digitalispräparate auf den AV-Knoten. Die Kraft der Systole[34] wird gestärkt. Begünstigt wird diese Wirkung des Digitalis durch Calcium – wohl durch seine Schlüsselstellung bei Kontraktionen. Wir haben also bei den *Ausatmern* begünstigte Verhältnisse für die Systole. Nach unseren Beobachtungen verträgt dieser Typ das Digitalis gut, und hier mag die Ursache für die souveräne Stellung des Digitalis und verwandter Präparate in der Herztherapie liegen. Gegenteilige Beobachtungen machten wir bei dem *lunaren* Typ.

Und nun aus eigener Erfahrung. Zunächst brachten Bohnenkaffee und Digitalispräparate meinen Gesamtzustand so weit herunter, daß ich mit meinem Blutdruck von 80/60 nicht mehr arbeitsfähig war und in ein Sanatorium ging. In diesem Sanatorium erfuhr ich erstmals von dieser Typenlehre. Ich wurde dort ausschließlich mit lunaren Übungen behandelt. Diese drei Wochen Sanatoriumsaufenthalt machten mich voll arbeitsfähig für Jahre. Ich behielt die erlernten täglichen Übungen bei und begann nun meinerseits, mich mit dieser Lehre zu beschäftigen und in meiner Praxis forschend und beobachtend Erfahrungen zu sammeln, danach zu behandeln und den Hintergründen nachzugehen. Zunächst erlebte ich, wie meine Nachbarin in der gleichen Weise wie ich nach einer totalen Erschöpfung bei myokardgeschädigtem[35] Herzen und Digitalisbehandlung dort behandelt wurde. Sie sollte pensioniert werden, als plötzlich durch Behandlung nach ihrer Typenzugehörigkeit eine nahezu völlige Wiederherstellung erfolgte. Sie bekam in Zukunft kein Digitalis mehr, sondern Euphyllin. Sie hat noch 16 Jahre vollen Dienst als Oberstudienrätin getan und erfreut sich jetzt mit 65 Jahren ihrer Pensionierung.

Eine dritte Herzgeschädigte fand ich in desolatem Zustand vor. Eine Landwirtsfrau konnte nur noch wenige Schritte im Zimmer wegen Dyspnoe[36] gehen. Auch sie war mit Digitalis behandelt worden. Es wurde von uns abgesetzt, da sie ein *lunarer* Typ war und durch Übungen ersetzt. Ein Jahr später spielte sie wieder Tennis. Die gleichen Erfahrungen an lunaren Typen konnte ich in Australien an mit Digitalis behandelten Patienten machen.

---

[33] Reizbildungszentrum der Herzkammer an der Vorhofkammergrenze
[34] Zusammenziehung der Herzkammer
[35] Myocard = Herzmuskel
[36] Atemnot

Der *Einatemtyp* verträgt weder Bohnenkaffee noch Digitalis. Dies ist eine mir so wesentlich erscheinende Erfahrung, daß sie dringend weiterer Nachforschung bedarf. Vielleicht bewirkt das Digitalis durch seine positiv inotrope[37] Wirkung ein zu schnelles Einsetzen der Systole, so daß die Diastole mit der Füllung des Herzens verkürzt ist. Bei lebensbedrohlichen Zuständen mag die Digitaliswirkung zunächst günstig sein durch die plötzliche Steigerung der Herzkraft in der Kontraktion, aber dann scheint bei dem *Einatemtyp* die Notwendigkeit einer ausreichenden Diastole von größerer Bedeutung zu sein. Diese allerdings bedarf ausreichender Unterstützung durch Einatemtherapie, Anregung durch steigende Muskelarbeit und durch feucht-warme Umschläge direkt auf das Herz. Dazu werden eventuell vasodilatatorische[38] Mittel gegeben, alles Maßnahmen zur stärkeren Durchblutung des Herzens. Die Herzbehandlung ist ein vielschichtiges großes Gebiet. Ich habe gewagt, meine Erfahrungen in der Absicht zu berichten, weitere Forschungen anzuregen nach Kenntnis der Typen und ihrer besonderen Gegebenheiten.

Seltsamerweise wird vom *lunaren* Typ Tee vertragen trotz seines Anteiles an Coffein. Bohnenkaffee, beim lunaren Typ zur Hebung des Blutdruckes gegeben, bewirkt langsam aber sicher das Gegenteil. Die scheinbar kurzfristige Anhebung der Aktivität rächt sich bitter, wie ich an mir selbst erlebt habe und dann immer wieder bestätigt fand. Ob umgekehrt beim *solaren* Typ ein hoher Blutdruck sich durch Kaffee senkt, entzieht sich meiner Erfahrung. Im allgemeinen verträgt dieser Typ den Bohnenkaffee, und er bedeutet ihm oft eine Herzstärkung. Der gefäßverengende Einfluß des Coffeins scheint sich auf den gesamten Brustraum günstig auszuwirken, wie man bei Asthmatikern dieses Typs sehen kann.

Ich möchte noch die Cholesterinfrage anschneiden, die so verschiedenartige Diskussionen hervorgerufen hat. Auch diese Frage hat zwei Seiten. Der *solare* Typ hat das animalische Fett als Cholesterinbildner zu meiden. Ich selbst als *lunarer* Typ esse seit Jahren nur Butter und keine Margarine und habe einen normalen Cholesterinspiegel.

Anders ist es mit dem Zucker, den der *lunare* Typ meiden sollte. Er könnte bei diesem Typ der Cholesterinbildner sein. Es sind so viele Diskussionen im Gang über diese Fragen. Vielleicht bringt dies etwas mehr Klärung.

---

[37] Zusammenziehungskraft des Herzmuskels beeinflussend
[38] gefäßerweiternd

Stoffwechsel, Diäten

Im Mittelpunkt des Stoffwechsels steht das Wasser, wie es im Mittelpunkt allen Lebens als Energiequelle, Lösungsmittel und Energieüberträger steht. Wir erinnern uns an den zu Beginn des Buches gemachten Hinweis auf *Picardis* [12] Versuche und die Bedeutung des Wassers für die Körperzelle. Der Stoffwechsel läßt sich vergleichen mit einem Flußdelta mit nicht endenwollenden Verzweigungen, Querverbindungen, vorwärts- und rückwärtsreibenden Wassermengen, abhängig von vielen Faktoren. Unsere Nahrungsaufnahme ist der Faktor, der dem Stoffwechsel das notwendige Wasser und die Nahrungsstoffe zuführt. Die Nahrungsaufnahme stellt die Aufgaben für das große chemische Labor in uns, welches analytisch und synthetisch das Bekömmlichste daraus zu bereiten hat. Zusätzlich benötigen wir die Luft zu dieser Stoffwechselarbeit. Leider essen wir jedoch kaum noch nach Instinkt, Vernunft und Bekömmlichkeit, sondern nach Geschmack, Verlangen, Bequemlichkeit. Daraus resultieren manche Schäden für unser Wohlbefinden. Tabletten werden genommen, Kuren gemacht, das Klima gewechselt, aber wesentliche Besserung kann dadurch nicht erreicht werden. So bemühen sich viele verantwortlich Denkende, durch Kostvorschläge aller Art zu helfen. Die verschiedensten Schwerpunkte werden gesetzt: Nicht zuviel Eiweiß, keinen Zucker, kein Fett, Rohkost, krebsverhütende Ernährung. Jeder dieser Vorschläge wird Gutes schaffen können, aber auch Schaden setzen können. Nach unserer Erfahrung gibt es eine grundlegende Forderung für alle Diäten: daß nämlich keine verallgemeinert werden darf.

Die Einengung unserer Kost durch die Zweiteilung für lunare und solare Typen läßt genügend Spielraum für Geschmack, Klima, Nahrungsbeschaffung und „balanced diet", wie wir an Patienten aller Altersstufen erfahren haben. Viele Menschen richten sich instinktmäßig danach und sind dann gesund und leistungsfähig. Da ja in jedem Menschen beide Kräfte wirksam sind, werden gelegentliche Verstöße kein Unheil anrichten, jedoch dauernde typenverkehrte Ernährung kann verheerend wirken oder langsam die Gesundheit unterminieren.

Wie aus den Tabellen ersichtlich ist, ist der Stoffwechsel des *solaren* Typs mehr dem pflanzlichen Milieu angeglichen. Glucose wie Eiweißan- und -abbau sind unkomplizierter und liefern ausreichend CO_2 für diesen Ausatemtyp. Ebenso sind die pflanzlichen Fette für ihn bekömmlicher.

Der Fettstoffwechsel wird gesteuert vom autonomen Nervensystem. Man vermutet auch die Existenz eines hypophysären Hormons, das Triglyceride und FFS mobilisieren kann. Die drei Grundnahrungsstoffe (Eiweiß, Fett und Kohlenhydrate) können ohnehin wechselseitig auf- und abgebaut werden. Nur wenige enzymgesteuerte Prozesse brauchen einen Richtungsregler, der einen Prozeß nur in einer Richtung zuläßt. Die unterschiedlichen Reaktionswege für Fettsynthese und -abbau sind ein Beispiel dafür.

Bemerkenswert ist jedoch, daß der *solare* Typ einen höheren Calciumbedarf zu haben scheint wie der lunare Typ. Welches sind wesentliche Aufgaben des Calciums? Einmal wird es als intrazelluläre Kittsubstanz benötigt, eine Eigenschaft, derentwegen es bei allergischen Reaktionen gern gegeben wird. Ferner aktiviert Calcium den Kontraktionsmechanismus der Muskeln und ist für die Erregungskontraktionskoppelung im Skelett und Herzmuskel von entscheidender Bedeutung. Muskeln erhalten mit Hilfe von Calcium eine optimale Vordehnung. Da die Ruhestellung der Muskulatur des *solaren* Typs die leichte Beugehaltung ist, wie wir aus den Übungen wissen, so mag diese Ruheposition in Vordehnung den höheren Calcium-Bedarf erklären. Die sprungfederartige Kontraktion der Muskulatur wird ihm dadurch erleichtert. Durch höheren Eiweißbedarf hat sein Körper die Proteine als Calcium-Träger im Blut reichlich zur Verfügung.

Beziehungen wie niedriger Calciumspiegel und Tetanie, Calcium als Faktor bei der Blutgerinnung, die Aktivierung der Calciumresorption durch Vitamin D und die Rolle des Calciums bei der Digitalistherapie sind Probleme, die nach Typisierung von Testpersonen physiologischer Nachprüfung unterzogen werden müßten. Wir machten die Erfahrung, daß alle vorgenannten Mechanismen eine besondere Rolle beim *solaren* Typ spielen. Die Verträglichkeit von Calcium-Injektionen war dementsprechend eine ganz andere als beim *lunaren* Typ. Hypocalciämie[1] nach Hyperventilation[2], nach zu starker Besonnung z. B. fanden wir nur bei diesem Typ. Dagegen sahen wir keine oder schädliche Wirkungen einer Calciumtherapie bei dem *lunaren* Typ.

Dieser kann seine Ernährung aus animalischen Nahrungsstoffen beziehen. Als *Einatmer* hat er mehr Sauerstoff zur Verfügung, was seinem stärkeren Bewegungsdrang zugute kommt sowie den Verbrennungs-

---

[1] erniedrigter Kalziumspiegel im Blut
[2] Steigerung der Atmung über den Bedarf hinaus

mechanismen des Stoffwechsels. So wird er mit dem Abbau der tierischen Fette fertig und verträgt Eiweiß besser mit gleichzeitiger Fettzufuhr. Warum die ungesättigten Fette pflanzlicher Herkunft ihm unverträglicher sind als die gesättigten Fette tierischer Herkunft muß auch als sehr wichtige Erfahrungstatsache hingenommen werden, bis eine Erklärung gelingt. Die Kohlenhydratzufuhr deckt er am besten mit der Kartoffel. *Brown* [3] hat in jahrelanger Beobachtung und Versuchen die Abhängigkeit ihres Wachstums von den Mondzyklen beobachtet, ebenso wie bei Algen und Karotten. Die Stärkekörner der Kartoffelknolle sind größer als die anderer transitorischer Stärken. Die Stärkebildung geschieht ebenso wie die Karotinbildung der Karotte ohne Sonnenlichteinfluß. Würmer und Salamander „wissen" von der Periodizität des Mondes. „Die Ähnlichkeit der bei diesen Lebewesen festgestellten Stoffwechselschwankungen durch den Mondtag lassen sich einleuchtend erklären, wenn man annimmt, daß alle diese Organismen auf eine allgemeine äußere Schwankung reagieren, die *lunare* Periodizität aufweist." Der Sauerstoffverbrauch der Kartoffel stieg um 20% während der Zeit des dritten Mondviertels. Während die Sonneneinstrahlung kaum in die Erde eindringt, geht die Mondstrahlung tiefer in die Erde. Erfahrungsgemäß ist der *lunare* Typ gut dran mit der Nahrungsaufnahme von Kartoffeln, Karotten, Rüben, Sellerie, Porree, wofür die Beobachtungen von *Brown* [3] eine Erklärung geben können.

Der Calciumbedarf des *lunaren* Typs ist nicht groß. Bei Injektionen in die Vene wird Calcium schlecht toleriert und als unangenehm empfunden. Ein Kaliumangebot hingegen zeigt bei ihm eine beruhigende Wirkung.

Chr. B. geb. 12.2.1946, ein hochgradig *lunarer* Typ, war total verspannt. Sie wurde zeitweilig völlig steif. Sie rauchte und trank reichlich Bohnenkaffee. Wegen nervöser Übererregbarkeit hatte sie ärztlicherseits circa 60 Calciuminjektionen bekommen. Wir behandelten sie nach Absetzen aller vorgenannten Dinge mit intensiver Atemtherapie, wodurch sich die Verspannungen schnell lösten. Gegen die nervöse Unruhe bekam sie Kalium. Die Normalisierung trat schnell ein. Kalium dient hierbei wohl zur Repolisation des Membranpotentials und damit zur Beruhigung von Nerven und Muskeln.

Die Ruheposition des *lunaren* Typs ist die *Streckhaltung*. Sportler kennen das Ausschütteln und Hängenlassen der Gliedmaßen nach Anstrengung.

Der lange Weg zur typenrichtigen Kost

Wie kann man es wagen, trotz der Fülle der Diäten und Kostformen ein neues Schema dagegenzusetzen?

Schon ergibt sich die erste Frage, die ich mir von Jugend an stellte. „Warum vertragen in einer Familie mit 10 Kindern, die unter gleichen äußeren Bedingungen heranwachsen, die einen diese Speisen und die anderen diese Speisen nicht?" Kommt das durch den verschiedenen Geschmack oder ist die Verträglichkeit der Speisen eine andere. Die einen vertrugen die Karotte sehr gut, aber keinen Spinat und umgekehrt. Die Ernährung war in meinem Elternhaus noch übersichtlich einfach im Gegensatz zur heutigen Vielfalt von in- und ausländischen Produkten und Zubereitungen.

Zwei miterlebte Weltkriege und Hungerzeiten machten die verschiedene Bekömmlichkeit noch durchsichtiger. Nach jahrelanger Hausfrauentätigkeit nach dem Tode meiner Mutter ging ich zur Ausbildung als Kinderkrankenschwester an die Universitätskinderklinik zu Professor *Ibrahim* in Jena. Dort war der Säuglingsernährung eine besondere Aufmerksamkeit gewidmet. Ich arbeitete in der Milchküche und leitete die Ammenabteilung. In den Kriegsjahren wurden Kartoffelsuppe, Möhrenkost, saure Milchen, abgerahmte Milch und vieles mehr geprüft — teils aus Not, teils aus guten Erfahrungen. Die Zeit der sauren Milcharten wurde später von Süßmilchen, entfettet oder adaptiert, abgelöst.

Beobachtungen in der Großen Krankenpflege im Westendkrankenhaus in Berlin mit der interessanten Diabetesstation von Professor *Unger* oder die Endstation der Schwerst-TBC-Kranken öffneten das Verständnis für Ernährungsfragen weiterhin.

Dieser Ausbildung als Krankenschwester folgte dann das Medizinstudium in den Jahren grausamer Hungerei mit schwerster eigener Belastung. Es folgten ärztliche Erfahrungen in einem Hilfskrankenhaus mit großen Ernährungsproblemen von Erwachsenen und Kindern. Besonders wertvolle Erfahrungen sammelte ich während und nach einer Gallenblasenoperation bei einem Solitärstein. Diese Operation fiel schon in eine Zeit, da ich die Methode des Herrn *Wilk* so einschlägig an mir selbst erfahren hatte. Als ich nach der Operation die gängige Diät zu essen bekam und der Magerquark an der Reihe war, versagte augenblicks meine bis dahin so gut funktionierende Verdauung, ich bekam Übelkeit und hellen Stuhl. Meine Wünsche stießen auf Unverständnis, und so bat ich um vorzeitige Entlassung. Zu Hause ließ ich mir ein in Butter gebratenes Steak geben und Kartoffeln (nach meinem Typ), und am nächsten Tag war alles gut und blieb von nun an gut. Da ich vor, während und nach der Operation keinerlei Schwierigkeiten mit dem Stuhlgang hatte (kein Einlauf, keine Tabletten zum Abführen), ging dann alles seinen gewohnten Lauf mit der typenrichtigen Kost. Ich begann immer mehr die Bekömmlichkeit der Ernährung nach der Typenzugehörigkeit mit den von *Wilk* aufgestellten Grundregeln zu beobachten und zu erweitern und zu bestätigen. Ganz besonders schnell verschwindet jegliche noch so alte Obstipation. Kindern habe ich sowohl in der Praxis als auch in den Kinderheimen nie ein Abführmittel verordnet. Die Grundregeln für beide Typen sind bereits in diesem Buch aufgeführt. Kurze Abweichungen davon werden selten schaden, aber langjährige bekommt man in älteren Jahren quittiert und schaden im geheimen der Leber und dem gesamten Verdauungssystem.

In mehreren Kinderheimen konnte ich über Jahre die Erfolge beider Ernährungsformen exakt am Gewicht, Gedeihen und Vitalität der Kinder beobachten, wie auch in meiner kinderärztlichen Praxis.

Mit diesen langjährigen Erfahrungen fuhr ich dreimal nach Australien, um die gemachten Erfahrungen unter den ganz anderen Verhältnissen nachzuprüfen, wozu ich sehr interessante und interessierte Mitprüfer fand. In der erstklassigen Universitätsbücherei in Perth fand ich sehr interessante Lektüre über den Stoffwechsel, die mich auch in den durch Erfahrung und Beobachtung gefundenen Tatsachen bestätigten. Aber der Stoffwechsel ist eine so komplexe Sache, daß ich mich nicht berechtigt fühle, darüber zu schreiben. Grundsätzlich wurde bestätigt, daß ein Stoffwechsel, der durch forcierte Einatmung gesteuert wird, dem Stoffwechsel entgegengesetzt sein muß, der durch verstärkte Ausatmung – Abgabe von CO_2 – in Gang gehalten wird. Die Anerkennung der beiden Atemtypen gäbe eine andere Ausgangsbasis für biochemische Forschungen, der Ernährungsphysiologie.

In der Folgezeit habe ich im Sinne der Erfahrungsheilkunde Hunderte bis Tausende von Patienten daraufhin beobachtet und beraten. Die Gesetzmäßigkeit ist so überraschend, daß man – solange die Ratschläge befolgt werden – nie fehlgeht. Wer Zweifel an der Richtigkeit hat, möge Säuglinge nach ihrem Typ lagern und ernähren und wird in wenigen Tagen wahre Wunder erleben. – Ich folgerte darum: Was den Säugling fördert und umgehend gesunden läßt, muß auch weiterhin im Leben die richtige Basis sein.

Was der infantile Verdauungstrakt zu seinem Besten verwertet, muß im Prinzip auch dem erwachsenen Körper gut tun — wenn auch in erweiterter Form den späteren Erfordernissen eines Erwachsenen entsprechend. Verträgt der Säugling das Fett der Milch, so wird auch der erwachsene Körper das tierische Fett benötigen. Umgekehrt, braucht der solare Säugling pflanzliches Fett oder garkeines, dann wird der erwachsene Körper mit pflanzlichem Fett zurechtkommen.

Und immer ist die Ernährung gekoppelt mit dem richtigen Verhalten im Liegen, Sitzen, Stehen und Gehen, wie in diesem Buch beschrieben.

Es war ein langer Weg des Prüfens, bis ich es wagen konnte, mit absoluter Sicherheit an die Öffentlichkeit zu gehen und hoffentlich vielen Menschen ein gesundes Altern zu bescheren. Ich darf mit fast 84 Jahren sagen, daß das Alter sich zur fruchtbaren und befriedigendsten Zeit meines Lebens dank all dieser Erkenntnisse erweist.

Besondere Behandlungsfälle

Bei jeder Erkrankung spielt die körperlich-seelische Gesamtverfassung eine ausschlaggebende Rolle. Darum läßt sich bei Kenntnis der Typenzugehörigkeit zusätzlich helfen durch Kräftigung der Gesamtverfassung.

Torsten W. geb. 21. 11. 1961, ein *lunarer* Typ, war mit einer inoperablen Meningozele[1] geboren. Die aufgesuchten Kapazitäten hatten betont, daß nichts zu machen sei. Er kam mit der recht verzweifelten Mutter mit 3 1/2 Jahren in meine Behandlung. Das Kind kroch auf Händen und Füßen. Aufrichten war nicht möglich. Torsten sprach nicht. Seine geistige Normalität schloß ich aus der Tatsache, daß der scheinbar mit Humor begabte kleine Kerl in komischen Situationen an der richtigen Stelle lachte. Eine intensive Übungsbehandlung schaffte es, daß er heute ein Gymnasium besucht, auf einem Dreirad fahren kann, auch mit Krücken gehen lernte. Der späte Behandlungsbeginn setzte im ganzen zwar Grenzen, aber die geistige Entwicklung wurde nach dem baldigen Erlernen des Sprechens normal. Psychisch waren manche Klippen zu überwinden, da er es gern in der Bewegung anderen gleichgetan hätte. Er suchte sich als Ersatz den Umgang und das Studium mit Kleinsttieren.

Hubertus P. geb. 3. 11. 1965, auch ein *lunarer* Typ, hatte eine Muskeldystrophie[2], deren Art von Kapazitäten nicht eindeutig festgelegt werden konnte. Er kam mit 5 1/2 Jahren erstmalig in meine Behandlung. Sein Gewicht betrug damals 13,4 kg. Der Allgemeinzustand war sehr schlecht. Kopfhaltung war nicht möglich; kein Stehen; Knie in fixierter Beugehaltung; Schultermuskulatur distrophiert; mühsames Hocken oder Vorwärtskriechen. Die Sprache war skandierend, aber geistig war die Entwicklung altersentsprechend. Etwa in vierwöchentlichen Abständen kam es zu azetonämischem Erbrechen[3] und Aufenthalt in einer gut renommierten Kinderklinik. Im Januar begann unsere Behandlung. Zunächst Umstellung der Kost auf rohes Fleisch, Butter, Apfelsaft, Karotten, Kartoffeln usw. statt dem bislang gegebenen Quark und Milchprodukten. Kind und Eltern erlernten die Übungsbehandlung. Am 18.5. —

---

[1] nicht operierbarer Vorfall der Rückenmarkshäute mit Zystenbildung
[2] Muskelschwund
[3] Brechanfälle mit Auftreten von Ketonkörpern im Blut

das heißt nach vier Monaten − stellten ihn die Eltern dem bisher behandelnden Leiter der Klinik vor, und dieser schrieb mir sehr beeindrukt von dem Erfolg. Hubertus lernte, in einem kleinen motorisierten Auto draußen zu fahren und sich Ansehen bei anderen Kindern zu verschaffen. Kopfhaltung und Kraft der gesamten Muskulatur besserten sich sehr. Er nahm gut zu. Ein Jahr später wurde er in einer Normalschule aufgenommen und dort sogar Klassensprecher.

Heino H. geb. 30. 4. 1970, ein *solarer* Typ, Enkel eines erfahrenen Landarztes, gedieh nicht. Wir stellten den Säugling auf fettausgetauschte Nahrung um, und bereits zwei Tage später begannen stete Zunahme und gutes Gedeihen. Ein Jahr später wurde die kleine Schwester gebracht, die von der Mutter nach der guten Erfahrung mit der gleichen fettarmen und fettausgetauschten Ernährung gefüttert wurde. Sie wurde auch ebenso wie der Bruder auf den Bauch gelegt. Aber mit 6 Monaten war sie blaß, kraftlos und untergewichtig. Sie war ein *lunarer* Typ geb. 11. 11. 1971, vertrug darum die vorgenannte Behandlung nicht. Umlagerung in Rückenlage und Vollmilch mit Citretten angesäuert halfen sofort. 10 Tage später hatte sie 540 g zugenommen und war rosig und fröhlich.

Frau Ingrid G. geb. 12. 7. 1938 war ein *lunarer* Typ. Sie war Landgerichtsrätin und hatte zwei Kinder. Jahrelang hatte sie am ganzen Körper Ödeme[4]. Weder diagnostisch noch therapeutisch waren Erfolge zu erzielen gewesen. Ihre Leistungsfähigkeit war stark reduziert. Sie hatte Calcium bekommen, trank Bohnenkaffee, schlief auf dem Bauch und hatte einen stark erniedrigten Blutdruck. Am 13. 5. 1971 begannen wir mit der Umstellung auf ihren Typ und der Übungsbehandlung. Die Ödeme verschwanden, am 12. 7. 1971 war das Allgemeinbefinden bereits sehr gut. Die Leistungsfähigkeit war voll da und blieb so.

Regina K. geb. 29. 11. 1964, *lunarer* Typ, kam am 25. 11. 1965 in Behandlung wegen rezidivierender Otitiden[5], Appetitlosigkeit und schlechtem Gedeihen. Das Kind lag wegen Muskelhypertension[6] in Bauchlage im Gipsbett. Wir lagerten es auf den Rücken ohne Gipsbett, ernährten es typengerecht und machten die Übungsbehandlung zur Entspannung der Muskulatur. Sofort begannen gutes Gedeihen und normale funktionelle Entwicklung, die auch in Zukunft anhielt. Ich sah das Kind 10 Jahre später in gutem Allgemeinzustand wieder.

---

4 Flüssigkeitsansammlung im Gewebe
5 Ohrenentzündungen
6 erhöhte Muskelspannung

Dirk N. geb. 6. 7. 1970 war ein *solarer* Typ und durch Nabelschnurumschlingung ein schwer geschädigtes Kind. Dirk war nahezu blind und in schwerem körperlichen und geistigen Rückstand. Wir sahen das elende, untergewichtige Kind erstmals mit 1 1/2 Jahren. Es lag auf dem Rücken, zeigte keinen Ansatz zum Sitzen, griff nicht, hörte nicht und hatte einen Dauernystagmus[7] und ständiges Kopfschütteln. Dieser debile Eindruck war der Mutter so schlimm, daß sie in dem kleinen Heimatort sich nicht mit dem Kind auf die Straße wagte. Die Prognosen der Kapazitäten waren hoffnungslos, zumal die Augenschädigung als eine erbliche Schädigung angesehen wurde, allerdings ohne Feststellung eines ähnlichen Leidens in der Familie. Durch solare Kost, strenge Bauchlage, systematische Übungsbehandlung erlernte Dirk nach einiger Zeit das Sitzen, ein Jahr später stand er, und dann begann das Kind zu klettern trotz seines mangelnden Sehvermögens. Es tastete sich vorwärts. Der Nystagmus verschwand. Ein minimales Sehvermögen wurde von einer anderen Universitätsklinik festgestellt, ebenso Hörreste. Dirk lernte zu spielen und kam in den Kindergarten, wo er durch sein fröhliches Wesen sehr beliebt wurde. Auch auf ein Pferd läßt er sich gern setzen. Jetzt ist er in einer Taubblindenschule. In der Familie ist er − mit seiner fröhlichen Art zu reagieren − der geliebte Mittelpunkt.

Es sind nur einige herausgegriffene Fälle aus der langen Reihe der Behandelten. Sie sollten illustrieren, welche wesentlichen Möglichkeiten sich ergeben. Es ließen sich die zahlreichen Bemühungen um körperlich und geistig Behinderte und manche Therapie bei Erkrankungen und manche Prophylaxe bei Gesunden auf eine zielsichere Basis stellen.

---

[7] ständiges Augenzittern

Typenlehre und Psyche

Die enge Koppelung von körperlichem und seelischem Befinden wird niemand leugnen, mag auch die Frage „was ist Seele?", unbeantwortet sein. Liest man das so prägnant geschriebene Buch von *Peter Beckmann* [1] „Brücken zum Leben", so erfährt man von den vielfachen Bemühungen verantwortungsbewußter Persönlichkeiten aller Sparten, den Menschen zu einer Bejahung des Lebens zu verhelfen und zu einer neuen Einstellung zur Gesundheit. Nicht die Behandlung Kranker sei die vordringlichste Aufgabe der Zukunft, sondern die Erhaltung der Gesundheit. Der Titel des Buches verweist auf das Ziel, Brücken zu bauen zum Leben, auch in seiner heutigen Gestalt. Das bedingt die aktive Mitarbeit jedes einzelnen. Es bedeutet körperlich und psychisch normales Verhalten, wie wir es zu erreichen trachten durch das typenrichtige Verhalten. Dies und die individuelle Atmung geben jenen Grad von Erholung und Entspannung, wie sie der gesunde Mensch braucht. Wir erleben es an unzähligen Patienten. Es war zwar nicht möglich, jedem zu erklären, warum er so atmen müsse, oder warum dies Verhalten für ihn besser sei als vielleicht das entgegengesetzte Verhalten seines Partners, aber meist genügten einige Atemübungen oder Verhaltensratschläge, um den Betreffenden zu überzeugen, daß dies ein besonderer Weg sei. War er bereit, sich weiter einführen zu lassen, so folgte bald eine auffallende psychische Aufgeschlossenheit, auf der die weitere Therapie basieren konnte. Bei der Beschreibung der Übungsbehandlung war wiederholt der Hinweis gegeben worden, wie psychische Störungen zu Verspannungen führen und wie dieselben durch richtige Atmung, wie bei den Übungen, gelöst werden. Es war nicht nötig, nach den inneren Gründen psychischer Störungen zu fragen, sondern der Betreffende sah infolge seiner besseren Allgemeinverfassung von sich aus die Probleme klarer. Neuer Mut und Selbstvertrauen erlaubten eine andere Schau. Beispiele mögen es erläutern.

Eine Patientin, Mutter von drei Kindern, litt an depressiven Zuständen mit allen Zeichen vegetativen Versagens. Obwohl die sozialen Verhältnisse sehr gut waren und äußere Sorgen entfielen, war es zu beängstigenden Zuständen gekommen. Während der Behandlung fiel auf, daß die Patientin nur vom „Vater ihrer Kinder" sprach, nie von „ihrem Mann". Nach etwa 14 Tagen Übungsbehandlung und sehr gebessertem Allgemeinbefinden kam plötzlich in der Unterhaltung das Wort „mein Mann". Und dann berichtete sie von sich aus, daß ihr Mann sie bisher nach seinem Belieben wie eine Bedienstete behandelt habe. Jetzt habe sie erstmals bei einer Mahlzeit auf sein Kommando: „Hol mir das Salz" geantwortet: „Das kannst Du Dir selbst holen." Er habe sie völlig überrascht angeschaut, sei dann aber aufgestanden und habe das Salz geholt. Wenige Tage später kaufte er ihr das bis dahin immer verweigerte Auto, das sie nun auch äußerlich selbständig machte. Nach den Berechnungen hatten beide einen hohen Grad an *lunarer* Energie. Es trafen zwei Menschen mit hoher Empfindlichkeit ihres Ich zusammen. Sie hatte zur Aufrechterhaltung des ehelichen Friedens weitgehend auf ihre Ichhaftigkeit verzichtet und sich gefügt. Damit hatte sie aber ihre angeborene Natur verleugnet, sich selbst falsch dargestellt und den Mann irritiert. Nun standen sich beide gegenüber mit dem ihnen zugedachten Maß an Selbstbewußtsein. Sie wurde gesund und leistungsfähig.

In einem anderen Fall handelte es sich um ein älteres Ehepaar. Er war ein stark beanspruchter Frauenarzt. Die Ehe war seit Jahren gefährdet und nur der Kinder wegen aufrechterhalten. Es ging um dasselbe Problem. Die scheinbar nachgiebige sanfte Frau war wie ihr Mann mit hoher Energie als *solarer* Typ versehen. Auch sie hatte ihr starkes „Ich" verleugnet, und beide Ehepartner hatten ein hohes Maß an Verspannung erreicht. Sie erlernten gemeinsam die Übungen, erlebten die gegenseitigen Spannungen und Entspannungen und spürten das Verschwinden der Gereiztheit. Jeder anerkannte die Persönlichkeit des anderen. Es war auch hier kein Eingehen auf spezielle Eheprobleme notwendig.

Wir sehen an diesen beiden Beispielen und an dem folgenden, daß die Durchsetzungskraft und Energie abhängig sind von der bei der Geburt mitbekommenen Menge an Kräften von Sonne und Mond. In der Astrologie werden in der Abhängigkeit von Gestirnen Zusammenhänge gesucht, die Charaktereigenschaften und schicksalshafte Einwirkungen erklären möchten. Dazu will ich nicht Stellung nehmen, da es ein vielbesprochenes und viel kritisiertes Gebiet anderer Herkunft und Beweisführung ist. Umfangreiche Studien stammen von *Gauquelin* [6].

Wir wollen keine Charaktereigenschaften erkennen oder Schicksale voraussagen. Wir wissen aber, daß „Charakteranlagen" bestimmter Art durch die Berechnung erkannt werden können. So zeigte es sich, daß Menschen mit einem hohen Prozentsatz von Mond- und Sonnenenergie mehr intellektuell eingestellt sind. Sie beurteilen und planen nach realen

Gesichtspunkten. Intellektuell sei hier nicht zu verwechseln mit intelligent, wie ich am dritten Beispiel erläutern möchte.

Ingrid Sch. geb 7.5.1950 war ein *solarer* Typ von 78%. Sie war von Geburt geistig und leicht spastisch behindert. Da es vor 30 Jahren auf dem Lande noch an Möglichkeiten fehlte, ihr durch öffentliche Institutionen Hilfe angedeihen zu lassen, habe ich sie über Jahre persönlich betreut. Trotz ihrer geistigen Behinderung mußte man sie als intellektuell betrachten, da emotionale Überzeugungsversuche nichts ausrichteten, wohl aber ihrem geistigen Horizont entsprechende Erklärungen. „Tu dies, weil ich mich dann freue" hatte keinen Erfolg, aber „Tu dies, weil das dann sauber aussieht", das fruchtete. Sie war, was Außenstehende nicht bemerkten, sehr empfindlich gegen Herabsetzung ihrer Persönlichkeit. Spürte sie, daß jemand sie nicht ernst nahm, so verstockte sie. In der Schule sprach sie über Jahre kein Wort, während sie in meinem Haus, wo wir ihr Zutrauen und Beachtung schenkten, viel erzählte und sogar kleine Aufsätze schrieb. Ihr Durchsetzungsvermögen war groß, allerdings nur auf wenige Möglichkeiten, wie passiven Widerstand, beschränkt.

Bei manchen Kindern tritt uns diese Widerstands- bzw. Durchsetzungskraft oft als eine Art „Bock" entgegen, dem mit Verstandesargumenten gut begegnet werden kann. Das stark ausgeprägte Ichbewußtsein läßt sie mimosenhaft erscheinen. Sie werden als sensibel bezeichnet, sind es aber nur in bezug auf ihre Person. Der Realität des Lebens gegenüber sind sie sachlich und verstandesmäßig eingestellt. Was oft nicht gewußt wird, ist die Tatsache, daß − nicht nur − sie zu ihrer eigenen Entwicklung vor allem Klarheit im Verhalten der Erwachsenen brauchen, d. h. auch deren Ja- und Neinsagen, ohne daß die Beteiligten in einen gegenseitigen Machtkampf einsteigen. Nichts ist diesen Kindern unangenehmer als eine unklare Haltung der Eltern. Der Umgang mit solchen Kindern ist für jene Eltern nicht leicht, die sich selber nicht stark fühlen. Finden sie bei der Kraftprobe Partner, die klar sind und offen in ihren Wünschen, dann akzeptiert das Kind auch ein Nein der Eltern, und oft wendet es sich dem Erwachsenen mit Weichheit und Zärtlichkeit zu. Es ist in solchen Fällen oft von großer Hilfe, die Höhe der mitgebrachten Energie durch Berechnung zu kennen. Im Falle niedriger Energie müßte man ganz anders verfahren: Die Durchsetzungskraft ist geringer, weniger vom Verstand bestimmt als vom Gemüt. Hier ist eher liebevolles Reden am Platz, denn es zeigt sich eine Form des Widerstands, der man nur mit viel Geduld und Gefühl begegnen kann. Diese Menschen sind in der Regel ängstlicher. Ihr Gedeihen scheint am besten gewährleistet in vorgegebenen Bahnen ohne viele Ausnahmen. Ordnung, Regelmäßigkeit und Konsequenz sind ihre Leitplanken. Ihre Intelligenz kann jedweden Grad haben, aber die intellektuelle Denkungsart ist zweitrangig. Durch Forderung von zuviel Eigenständigkeit sind sie schnell überfordert. In Gemeinschaften bewähren sie sich besser. Es fallen bei ihnen jene Hemmungen weg, die intellektuelle Überlegungen in Form von Vorsicht und Abwägung bringen. Oft sind sie tollkühner, weil unbefangener. Diese naturgegebenen Anlagen fordern uns zu Vergleichen auf mit den in der Astrologie erarbeiteten Zusammenhängen, insbesondere mit dem Buch „Mondphase und Psychologie" von Dr. *Ivan Slooten,* durch *Else Parker* [11] bearbeitet. Hierin sind lange und sorgfältig ausgearbeitete Tabellen mit den Geburtsdaten berühmter Persönlichkeiten zu finden und die Berechnung der Mondphase am Tag der Geburt. Die Forscher meinten, bei der Gruppierung nach bestimmten Mondphasen gruppengemeinsame Charaktereigenschaften zu finden. Diese Eigenschaften beziehen sich auf die Einstellung des Menschen zu seinen Mitmenschen: seine soziale Einstellung. Sie halten die Mondeinwirkung für die belangreichste kosmische Wirkung auf den menschlichen Charakter. Da in ihrer Beurteilung die Sonnenenergie keine Berücksichtigung findet, muß man nach unserer Erfahrung die Resultate zusätzlich auf die Einwirkung der Sonnenenergie prüfen.

Nun könnte man Zug um Zug die Betrachtungen dieses Buches auf die Beziehung beider Energien zueinander überprüfen. Das würde aber den Rahmen unserer Arbeit sprengen. Da die Forschungen der holländischen Wissenschaftler sich mit den Charaktereigenschaften und Schicksalen beschäftigen, ist für uns die Nachprüfung ihrer Resultate belanglos, weil es uns um *Anlagen* der Lebensgestaltung geht.

Die stärkere motorische Aktivität des *lunaren* Typs zeigt sich in der Sprechweise. Sie ist schnell, reaktionsfähig und lebendig. Der andere Typ dagegen sollte ruhig sprechen und langsam. Dann geht von seinen Worten eine große Beruhigung aus. So hört ein Typ dem anderen nicht gern beim Vorlesen zu. Er wird ungeduldig. Ich beobachtete das bei meinem gegenpolaren Sohn schon als Kleinkind, habe aber die Erklärung dann erst mit Hilfe der Typenlehre erfahren. Hier liegt eine häufige Ursache des Stotterns. In der Musik und ihrer Wirkung zeigen sich auch große Unterschiede. So ließen sich Säuglinge des *lunaren* Typs durch polyphone weiche Musik beruhigen, wie wir sie bei den meisten Wiegenliedern finden. Ein *solares* Kind reagiert beruhigt oder erfreut bei sehr rhythmischen Liedern mit starker Pointierung. Das Kinderlied „Hopp-Hopp-Hopp, Pferdchen lauf Galopp" wäre ein gutes Beispiel dafür. Diese Verschiedenartigkeit des musikalischen Empfindens kam mir gerade bei den spastischen Kindern sehr zugute. Sie lösten sich leichter, und die Rhythmik der Bewegung bei Gehversuchen fiel ihnen leichter.

Legasthenie

Sie ist ein immer mehr erweiterter Begriff geworden. Eine Stellungnahme dazu ist darum sehr erschwert. Ich möchte an einem Beispiel unsere Gesichtspunkte erläutern.

Wolfgang und Hubertus F. geb. 18. 12. 1952 waren Zwillinge vom *lunaren* Typ. Sie gediehen prächtig und waren fröhlich und normal. Doch dann begann die Schule, und für die beiden begann ein unerwartetes Martyrium. Sie wurden nach der Ganzheitsmethode unterrichtet und versagten mehr und mehr. Die Ganzheitsmethode geht nicht synthetisch aufbauend vor, sondern das Kind erlernt einen ganzen Satz, den es nachträglich zu analysieren hat. Es spielt hier das Erfassen eines Satzes vom Auge her eine große Rolle. Das Auge liegt bei ihm in einer wenig durchbluteten Zone, anders als bei dem *solaren* Typ mit der Warmzone Gesicht. Spüren Kinder bereits in den ersten Schulwochen, daß andere schneller sind, so setzen Enttäuschung und Unbehagen ein, verbunden mit zunehmender Frustration. Diese beiden standen im 4. Schuljahr auf der Liste derjenigen, die zur Sonderschule sollten. Sie grimmassierten, störten den Unterricht und waren seelisch verstört. Kurz vor der angedrohten Umschulung nahmen wir sie in Behandlung. Sie wurden zunächst durch die Übungsbehandlung entspannt, so daß das Grimmassieren und die seelische Verstörtheit aufhörten. Dann wurde gewissermaßen das Lernpensum vom Schulbeginn an systematisch in synthetischer Lernweise aufgebaut. Das Verdrehen der Buchstaben hörte auf. Es sind dies inzwischen bekannte Erscheinungen, die ich hier nicht näher ausführen muß. Die in drei Jahren durch Rückstand im Lesen entstandenen Wissensmängel wurden aufgeholt, und nach einem Vierteljahr kamen sie zurück auf die Normalschule. Danach reibungslose Schulzeit. Beide hatten gute Abschlußzeugnisse in der Schule und in der beruflichen Ausbildung. Sie erfreuten durch ihr freundliches aufgeschlossenes Wesen. Hubertus hielt die Abschlußrede beim Schulabgang.

Diese Schwierigkeiten sahen wir nie bei den *solaren* Typen. Warum nicht alle *lunaren* Kinder unter der Ganzheitsmethode leiden, ist eine offene Frage. Von der Begabung an sich ist dies nicht abhängig. Wir rieten den Müttern der *lunaren* Kinder, diesen bereits vor der Schule das Lesen so weit beizubringen, daß es nicht zu dem schrecklichen Unterlegenheitsgefühl bei ihren Kindern kommen sollte.

Grenzen der Lehre

Wie schön wäre der Gedanke, es gäbe etwas, das alles und jedem und zu jeder Zeit helfen könnte! Aber eine Hybris ohnegleichen würde daraus erwachsen, ein undenkbarer Übermut. Nein, auch die uns zunächst überwältigende Gesetzmäßigkeit stößt an ihre Grenzen und die noch so oft ans Wunderbare grenzenden Erfolge dürfen uns nicht vergessen lassen, daß wir in der Anwendung und Ausnutzung auch naturgesetzlicher Gegebenheiten keine Götter sind und unserem Tun immer Grenzen gesetzt sind. Im Tun am Menschen sind es viele Fakten, die nicht übersehen werden dürfen wie Erbanlagen, Klima, Zivilisationsbedingtheiten, gewaltsame Veränderungen des menschlichen Organismus wie Unfälle, Krankheiten, Operationen, ferner Veränderungen des normalen Lebensablaufes durch Kriege, Naturkatastrophen, Schicksale.

Die oft mangelnde Bereitschaft des einzelnen, sich helfen zu lassen, oder die voreilige Kritik vieler bereits vor dem Kennenlernen einer neuen Erkenntnis sind schwere Hindernisse. Dazu kommt die Schwierigkeit des Lehrens, die viel Einfühlungsvermögen voraussetzt. Es wäre kein Problem, durch Computer die Typenzugehörigkeit für jeden einzelnen zu errechnen, und damit ließe sich die Belehrung über das allgemeine typenrichtige Verhalten möglich machen. Wie weit der Mensch als ein Wesen mit freiem Willen sich an diesen Empfehlungen orientieren würde, wäre dessen eigene Sache. Aber vielfach wird die richtige Anwendung der Lehren individuelle Anleitung benötigen, um Spannungen oder Spannungsmangel beheben zu können. Sicher würden sich mit der Zeit Personen finden, die ein genügendes Einfühlungsvermögen und geschulten Blick besitzen oder erwerben, um als Lehrende zu wirken. Es würde dann von den Lernenden Gesundheitswille und Konsequenz notwendig sein, Tugenden, die nicht bei jedem Menschen vorauszusetzen sind.

Würde aber bereits der Säugling richtig ernährt und richtig gelagert und sein motorisches Verhalten nach seinem Typ unterstützt, so ließen sich manche Krankheiten vermeiden. Eine Mutter würde wissen, daß ihre Kinder nicht unbedingt in der gleichen Weise geführt werden dürfen. Die Lehrer könnten erkennen, daß die motorische Unruhe des einen Schülers als natürlicher Bewegungsdrang aufzufassen ist, während sie bei dem anderen eine Überspannung darstellt. Die Erholungsverschickungen könnten typenrichtig erfolgen und somit bessere Erfolge erzielen.

Die Berufsberater würden wissen, wem sie einen bewegungsarmen und wem einen bewegungsreichen Beruf empfehlen sollten. So viel hinge von der Befriedigung im Berufsleben davon ab. Wenn die Industrie wüßte, daß nicht die gleiche Sitzart für jeden richtig ist und es neben hochhackigen Schuhen auch niedrige Hackenschuhe geben müßte, und wenn im Sport berücksichtigt würde, daß nicht jede Sportart für jeden geeignet ist, dann .... Kurzum, die Grenzen dieser Lehre könnten weiter und weiter mit der Anwendung auf allen Gebieten des Lebens gesteckt werden. Neue Impulse und Erkenntnisse könnten helfen, Umwege bei der Heilung von Krankheiten und Leiden zu vermeiden. Es gibt viele Möglichkeiten und Wege im einzelnen und in der Gesamtheit zu helfen, denn mit dieser Lehre eröffnet sich trotz ihrer Grenzen ein unendliches Feld neuer Erkenntnisse.

Einige kulturgeschichtliche Betrachtungen

Die Zivilisation ermöglicht Lebensbedingungen, die ausgleichend auf die entgegengesetzten Lebensvoraussetzungen beider Typen wirken. Wie aber war es in alten Zeiten? Es gab keine Zentralheizung gegen feuchte, kalte Luft, es gab auch keine Klimaanlage gegen trockene Hitze. Zur Ernährung kamen nicht die Transporte aus aller Herren Länder mit Auto, Bahn oder Flugzeug. Die sich durch Jagd ernährenden Völker des Nordens waren Nomaden auch dann noch, als die südlichen Völker schon seßhaft waren und sich von Früchten ernähren konnten. So ist anzunehmen, daß die Überlebenschancen für den *lunaren* Typ im Norden größer waren, während im Süden der *solare* Typ der lebensstärkere war. Der *lunare* Mensch kniet nicht gern, so war seine Gebetshaltung die mit erhobenen Händen mit nach oben gerichtetem Blick.

Die Malerei zeigt uns dies. Der südliche *solare* Mensch hat die knieende, mit dem Blick nach unten geneigte Gebetshaltung, sowohl in den katholischen Gebräuchen als auch beim Islam.

Als ich kürzlich mit einem Mohammedaner die Übungen machte, begriff er sie überraschend schnell und war begeistert von ihrer Ähnlichkeit mit mohammedanischen Verhaltensweisen. Er war ein *solarer* Typ.

Die Kirchenbauweise macht dem *lunaren* Typ den Blick nach oben interessant (siehe die gotischen Dome), die Alhambra zeigt flache Dimensionen.

Wo haben wir in den rituellen Tänzen das Schwingen der Hüften mit dem bewegungsfreudigen Becken? Wo die dazugehörige rhythmische Musik? Es sind die Angehörigen der Religionen der heißen Länder, die dies pflegten. Und wo finden wir die größere Farbenpracht bei religiösen Zeremonien? Nicht im Norden Europas, wo man annehmen sollte, der Mensch würde sich die sonnenärmere, grauere Welt mit vielen Farben verschönern wollen. Nein, die mehr vom Auge lebenden *solaren* Menschen breiteten in Kirchen und Zeremonien Farbe und Glanz aus. Im Norden wurde der Gottesdienst immer farbloser und bestimmt vom Hören des gesprochenen Wortes oder des Kirchengesanges, denn das Hören liegt dem *lunaren* Typ mehr. Das Gehör liegt bei ihm in der Warmzone.

Es wäre interessant, die kulturgeschichtliche Entwicklung der Völker trotz vieler Betrachtungsweisen nun einmal auf diese naturgegebenen Einwirkungen hin zu überprüfen. Dies sei eine Anregung dazu.

Schlußbetrachtung

Die Naturgesetze, die diesem Buch zugrunde liegen, gelten für die ganze belebte Natur. Ich mußte mich beschränken auf meine Erfahrungen am Menschen. Würde dem Gehör geschenkt, so öffnete sich für die Wissenschaft ein unerhörtes Forschungspotential. Einmal wurde mir geantwortet: „Das ist mir zu einfach." Vielleicht ist es zu einfach, um in dieser Welt kompliziertesten Denkens angenommen zu werden und erweckt darum von vornherein Mißtrauen bezüglich seiner Glaubwürdigkeit. Eher ist man bereit, sich mit dem zu befassen, was „*man* tut, oder nicht tut". Das Klischeedenken dieser Art ist einfacher und bequemer. Aber es enthält eine allgemeine Anonymität und ist somit verantwortungsloses Denken.

Es kann ersetzt werden durch individuelles Denken mit individueller Verantwortung für das große Geschenk des Daseins und Verpflichtung zum Gesundsein.

Einmal findet jeder lebendige Anteil dieser Erde sein materielles Ende im Tod, wo es keine Resonanz mehr auf die kosmischen Energien gibt, die zur Lebenserhaltung dienen. Aber sicher ist, daß diese „entkräftete" Materie von neuem mit Energie zu einer neuen Daseinsform beladen wird.

Mögen die Kritiker dieses Buches vorurteilsfrei und objektiv bleiben. Die Erfahrung an sich selbst ist der sicherste Weg dazu.

Zum Schluß ein Vorschlag im Sinne der heutigen Abkürzungstendenz zur Benennung der Typenlehre: „*TerLuSo*" aus der kosmischen Dreiheit „*Ter*ra, *Lu*na, *So*l".

Quellenverzeichnis

[1] *Beckmann, Peter:* Brücke zum Leben, Chr. Belser-Verlag. Stuttgart 1963.
[2] *Broadbent, Donald E.:* Division of Function and Integration of Behavior. The Neuro-Science-Third Study Program. MIT Press. Cambridge 1974.
[3] *Brown:* zitiert nach *Gauquelin* a. a. O. S. 13.
[4] *Eccles, John C.:* Hirn und Bewußtsein. Mannheimer Forum 77/78, Panorama der Wissenschaften. Boehringer Mannheim.
[5] *Ganong, W. F.:* Medizinische Physiologie. Springer-Verlag. Berlin.
[6] *Gauquelin, Michael:* The Cosmic Clocks. Henry Requery Company USA. Peter Oven, London 1969.
   —: Die Uhren des Kosmos gehen anders. Augsburger Druck und Verlagshaus. 1975.
[7] *Hartmann, Ernst:* Krankheit als Standortproblem. Karl F. Haug Verlag. Heidelberg 1976.
[8] *Jonas, Eugen:* Predetermining the Sex of a Child. 1968.
[9] *Krüger, Albrecht:* The Physiological Significance of Positive and Negative Ionisation of the Atmosphere. Mans Dependence on the Earthly Athmosphere. New York 1962.
[10] *Norris, Irina:* Are We All the Same. Alpha Print Pty Ltd. 175 Hay Street, East Perth, W. Australia 1983.
[11] *Parker, Else:* Moon-Phase Psychology. Veen-Digever. Amersfoort. Nederland 1950.
[12] *Piccardi, Giorgio:* zitiert nach *Gauquelin* a. a. O. S. 196, 197.
[13] *Rensing, Ludger:* Biologische Rhythmen und Regulation. G. Fischer-Verlag. Stuttgart 1973.
[14] *Schäfer-Schulmeyer:* Die Lateralitätsveranlagung beim Menschen als Naturgesetz und dessen phänomenale Auswirkungen durch einen hierdurch bewirkten individuellen Rhythmus. In: Erfahrungsheilkunde 1977/1.
[15] *Sperry, R. W.:* Lateral Specialisation in the Surqecally Separated Hemisphere. Neuro Science-Third Study Program. MIT Press. Cambridge 1973.
[16] *Wilerth, John Steen:* The Senses of Man. Thomas J. Cromwell Company. New York.
[17] *Wilk, Erich:* Typenlehre. Magnetismus. Charakter und Gesundheit. Verlag Dr. Francis Ising. Minden/Westfalen 1949.

Anhang
(Berechnungstabellen)

Die Berechnung des Typs nach *Irina Norris* [10]. Nach Lesen des Buches wird jeder begierig sein, seinen Typ zu erfahren. Wie bereits im dritten Kapitel erörtert, soll hier die Tabelle von Irina Norris beigefügt werden, die ein schnelles Nachsehen ermöglicht. Wir ersehen aus ihr, daß es nicht immer leicht ist, den Typ eindeutig zu erkennen, da zwischen Mond- und Sonnenkraft zur eindeutigen Bestimmung mindestens ein Mondtag (6,6%) liegen sollte. Es gibt genauere Möglichkeiten der Berechnung, wie sie bei astrologischen Berechnungen möglich ist. Und es gibt eine Möglichkeit der Austestung über Verhaltensweisen, die aber viel Erfahrung erfordert. So ist mit der 3. Spalte − der Fragezeichenspalte − eine notwendige Vorsicht eingebaut, die man respektieren sollte.

Bei der Berechnung des Typs sollte man die Angabe des Geburtsdatums sehr sorgfältig prüfen und wissen, in welchem Teil der Erde die Geburt erfolgte, z. B. nördlich oder südlich des jeweiligen Wendekreises oder gar in Polar- oder Äquatornähe, wo der Sonnenstand verschieden ist. Bedenken sollte man bei Geburtsangaben auch Ungenauigkeiten und Kalenderverschiedenheiten. Ich nenne hier zum Beispiel den gregorianischen Kalender. Auch die Ost-Westzeitdifferenzen können eine Rolle spielen.

Will man eine Therapie aufbauen, sollte mit größter Korrektheit vorgegangen werden.

Jahre: 1900, 1919, 1938, 1957, 1976, 1995 ...
und alle folgenden 19 Jahre

Januar	5-26 = Lu	29-31 = So	1-4, 27, 28 ?
Februar	6-23 = Lu	1, 2, 26-29 = So	3-5, 24, 25 ?
März	10-22 = Lu	1-6, 25-31 = So	7-9, 23, 24 ?
April	11-18 = Lu	1-7, 22-30 = So	8-10, 19-21 ?
Mai	13-16 = Lu	1-10, 19-31 = So	11, 12, 17, 18 ?
Juni		1-10, 15-30 = So	11-14 ?
Juli	13 = Lu	1-9, 16-31 = So	10-12, 14, 15 ?
August	9-13 = Lu	1-5, 17-31 = So	6-8, 14-16 ?
September	5-15 = Lu	18-29 = So	3, 4, 16, 17, 30 ?
Oktober	2-16, 29-31 = Lu	20-26 = So	1, 17-19, 27, 28 ?
November	1-17, 26-30 = Lu	21-23 = So	18-20, 24, 25 ?
Dezember	1-20, 24-31 = Lu		21-23 ?

Jahre: 1901, 1920, 1939, 1958, 1977, 1996 ...
und alle folgenden 19 Jahre

Januar	1-16, 25-31 = Lu	20-22 = So	17-19, 23, 24 ?
Februar	1-13, 26-29 = Lu	16-22 = So	14, 15, 23-25 ?
März	1-11, 29-31 = Lu	14-26 = So	12, 13, 27, 28 ?
April	1-7 = Lu	11-26 = So	8-10, 27-30 ?
Mai	1-5 = Lu	8-28 = So	6, 7, 29-31 ?
Juni	1 = Lu	4-28 = So	2, 3, 29, 30 ?
Juli	1, 29-31 = Lu	4-26 = So	2, 3, 27, 28 ?
August	1, 25-31 = Lu	5-22 = So	2-4, 23, 24 ?
September	1, 2, 22-30 = Lu	5-19 = So	3, 4, 20, 21 ?
Oktober	1-4, 19-31 = Lu	8-16 = So	5-7, 17, 18 ?
November	1-5, 15-30 = Lu	8-12 = So	6, 7, 13, 14 ?
Dezember	1-7, 12-31 = Lu		8-11 ?

Nördliche Hemisphäre   (Lu = Lunar; So = Solar)

Jahre: 1902, 1921, 1940, 1959, 1978, 1997 ...
und alle folgenden 19 Jahre

Januar	1–6, 13–31 = Lu	9 = So	7, 8, 10–12 ?
Februar	1–3, 14–29 = Lu	6–10 = So	4, 5, 11–13 ?
März	1, 18–28 = Lu	4–14 = So	2, 3, 15–17, 29–31 ?
April	19–26 = Lu	1–15, 29, 30 = So	16–18, 27, 28 ?
Mai	20–22 = Lu	1–17, 26–31 = So	18, 19, 23–25 ?
Juni		1–18, 22–30 = So	19–21 ?
Juli	19–21 = Lu	1–16, 24–31 = So	17, 18, 22, 23 ?
August	15–21 = Lu	1–12, 25–31 = So	13, 14, 22–24 ?
September	12–22 = Lu	1–8, 26–30 = So	9–11, 23–25 ?
Oktober	9–24 = Lu	1–6, 27–31 = So	7, 8, 25, 26 ?
November	5–25 = Lu	1, 2, 29, 30 = So	3, 4, 26–28 ?
Dezember	3–27 = Lu		1, 2, 28–31 ?

Jahre: 1903, 1922, 1941, 1960, 1979, 1998 ...
und alle folgenden 19 Jahre

Januar	1–23 = Lu	26–29 = So	24, 25, 30, 31 ?
Februar	1–19 = Lu	23–29 = So	20–22 ?
März	6–19 = Lu	1, 2, 22–31 = So	3–5, 20, 21 ?
April	7–15 = Lu	1–3, 19–30 = So	4–6, 16–18 ?
Mai	9–13 = Lu	1–6, 16–31 = So	7, 8, 14, 15 ?
Juni	9 = Lu	1–6, 12–30 = So	7, 8, 10, 11 ?
Juli	9 = Lu	1–6, 13–31 = So	7, 8, 10–12 ?
August	5–9 = Lu	1, 2, 13–30 = So	3, 4, 10–12, 31 ?
September	2–11, 29, 30 = Lu	15–26 = So	1, 12–14, 27, 28 ?
Oktober	1–13, 26–31 = Lu	16–23 = So	14, 15, 24, 25 ?
November	1–13, 22–30 = Lu	17–19 = So	14–16, 20, 21 ?
Dezember	1–16, 20–31 = Lu		17–19 ?

Jahre: 1904, 1923, 1942, 1961, 1980, 1999 ...
und alle folgenden 19 Jahre

Januar	1–14, 21–31 = Lu	17, 18 = So	15, 16, 19, 20 ?
Februar	1–9, 23–29 = Lu	13–18 = So	10–12, 19–22 ?
März	1–9, 27–31 = Lu	12–23 = So	10, 11, 24–26 ?
April	1–6, 28–30 = Lu	9–24 = So	7, 8, 25–27 ?
Mai	1, 2, 30 = Lu	6–26 = So	3–5, 27–29, 31 ?
Juni		3–26 = So	1, 2, 27–30 ?
Juli	26–28 = Lu	1–23 = So	24, 25, 29–31 ?
August	23–30 = Lu	1–20 = So	21, 22, 31 ?
September	19–30 = Lu	3–16 = So	1, 2, 17, 18 ?
Oktober	1, 2, 17–31 = Lu	5–14 = So	3, 4, 15, 16 ?
November	1, 2, 13–30 = Lu	6–10 = So	3–5, 11, 12 ?
Dezember	1–5, 11–31 = Lu	8 = So	6, 7, 9, 10 ?

Jahre: 1905, 1924, 1943, 1962, 1981, 2000 ...
und alle folgenden 19 Jahre

Januar	1–3, 10–31 = Lu	6 = So	4, 5, 7–9 ?
Februar	11–27 = Lu	3–7 = So	1, 2, 8–10, 28, 29 ?
März	14–26 = Lu	1–10, 29–31 = So	11–13, 27, 28 ?
April	15–22 = Lu	1–12, 26–30 = So	13, 14, 23–25 ?
Mai	17–19 = Lu	1–13, 22–31 = So	14–16, 20, 21 ?
Juni		1–15, 19–30 = So	16–18 ?
Juli	16, 17 = Lu	1–13, 20–31 = So	14, 15, 18, 19 ?
August	12–17 = Lu	1–9, 21–31 = So	10, 11, 18–20 ?
September	9–19 = Lu	1–6, 23–30 = So	7, 8, 20–22 ?
Oktober	6–21 = Lu	1, 2, 25–30 = So	3–5, 22–24, 31 ?
November	2–22, 29, 30 = Lu	26 = So	1, 23–25, 27, 28 ?
Dezember	1–24, 28–31 = Lu		25–27 ?

Nördliche Hemisphäre   (Lu = Lunar; So = Solar)

Jahre: 1906, 1925, 1944, 1963, 1982, 2001 ...
und alle folgenden 19 Jahre

Januar	1-20, 29-31 = Lu	23-25 = So	21, 22, 26-28 ?
Februar	1-17 = Lu	21-27 = So	18-20, 28, 29 ?
März	3-15 = Lu	19-31 = So	1, 2, 16-18 ?
April	4-13 = Lu	16-30 = So	1-3, 14, 15 ?
Mai	6-10 = Lu	1, 2, 13-31 = So	3-5, 11, 12 ?
Juni	6 = Lu	1-3, 9-30 = So	4, 5, 7, 8 ?
Juli	6 = Lu	1-3, 9-30 = So	4, 5, 7, 8, 31 ?
August	3-6, 30, 31 = Lu	10-26 = So	1, 2, 7-9, 27-29 ?
September	1-7, 27-30 = Lu	11-23 = So	8-10, 24-26 ?
Oktober	1-9, 23-31 = Lu	13-20 = So	10-12, 21, 22 ?
November	1-10, 20-30 = Lu	14-17 = So	11-13, 18, 19 ?
Dezember	1-12, 18-31 = Lu	15 = So	13, 14, 16, 17 ?

Jahre: 1907, 1926, 1945, 1964, 1983, 2002 ...
und alle folgenden 19 Jahre

Januar	1-11, 17-31 = Lu	14 = So	12, 13, 15, 16 ?
Februar	1-6, 19-29 = Lu	10-15 = So	7-9, 16-18 ?
März	1-6, 23-31 = Lu	9-19 = So	7, 8, 20-22 ?
April	1, 2, 25-30 = Lu	6-21 = So	3-5, 22-24 ?
Mai	26, 27 = Lu	4-23, 30, 31 = So	1-3, 24, 25, 28, 29 ?
Juni		1-23, 27-30 = So	24-26 ?
Juli	24-26 = Lu	1-21, 29-31 = So	22, 23, 27, 28 ?
August	20-27 = Lu	1-17, 30, 31 = So	18, 19, 28, 29 ?
September	16-27 = Lu	1-13 = So	14, 15, 28-30 ?
Oktober	14-30 = Lu	1-10 = So	11-13, 31 ?
November	10-30 = Lu	3-7 = So	1, 2, 8, 9 ?
Dezember	1, 8-31 = Lu		2-7 ?

Nördliche Hemisphäre   (Lu = Lunar; So = Solar)

Jahre: 1908, 1927, 1946, 1965, 1984, 2003 ...
und alle folgenden 19 Jahre

Januar	6–28 = Lu	3, 31 = So	1, 2, 4, 5, 29, 30 ?
Februar	8–24 = Lu	1–4, 27–29 = So	5–7, 25, 26 ?
März	12–23 = Lu	1–8, 27–31 = So	9–11, 24–26 ?
April	13–20 = Lu	1–9, 23–30 = So	10–12, 21, 22 ?
Mai	15–17 = Lu	1–11, 20–31 = So	12–14, 18, 19 ?
Juni		1–13, 17–30 = So	14–16 ?
Juli	14 = Lu	1–10, 18–31 = So	11–13, 15–17 ?
August	11–16 = Lu	1–7, 19–31 = So	8–10, 17–18 ?
September	7–16 = Lu	1–3, 20–30 = So	4–6, 17–19 ?
Oktober	3–18, 31 = Lu	22–28 = So	1, 2, 19–21, 29, 30 ?
November	1–19, 28–30 = Lu	23, 24 = So	20–22, 25–27 ?
Dezember	1–22, 26–31 = Lu		23–25 ?

Jahre: 1909, 1928, 1947, 1966, 1985, 2004 ...
und alle folgenden 19 Jahre

Januar	1–18, 26–31 = Lu	21–23 = So	19, 20, 24, 25 ?
Februar	1–14, 28, 29 = Lu	18–25 = So	15–17, 26, 27 ?
März	1–12, 31 = Lu	16–27 = So	13–15, 28–30 ?
April	1–9 = Lu	12–29 = So	10, 11, 30 ?
Mai	3–6 = Lu	9–31 = So	1, 2, 7, 8 ?
Juni	3 = Lu	6–30 = So	1, 2, 4, 5 ?
Juli	3, 30, 31 = Lu	6–27 = So	1, 2, 4, 5, 28, 29 ?
August	1, 2, 27–31 = Lu	6–23 = So	3–5, 24–26 ?
September	1–4, 23–30 = Lu	8–19 = So	5–7, 20–22 ?
Oktober	1–5, 20–31 = Lu	9–17 = So	6–8, 18, 19 ?
November	1–7, 17–30 = Lu	10–14 = So	8, 9, 15, 16 ?
Dezember	1–9, 14–31 = Lu		10–13 ?

Nördliche Hemisphäre   (Lu = Lunar; So = Solar)

Jahre: 1910, 1929, 1948, 1967, 1986, 2005 ...
und alle folgenden 19 Jahre

Januar	1–8, 14–31 = Lu	11 = So	9, 10, 12, 13 ?
Februar	1–3, 15–29 = Lu	7–12 = So	4–6, 13, 14 ?
März	1–3, 20–30 = Lu	6–16 = So	4, 5, 17–19, 31 ?
April	20–26 = Lu	2–17, 29, 30 = So	1, 18, 19, 27, 28 ?
Mai	23, 24 = Lu	1–19, 27–31 = So	20–22, 25, 26 ?
Juni		1–20, 24–30 = So	21–23 ?
Juli	20–22 = Lu	1–17, 25–31 = So	18, 19, 23, 24 ?
August	17–23 = Lu	1–14, 26–31 = So	15, 16, 24, 25 ?
September	13–24 = Lu	1–10, 27–30 = So	11, 12, 25, 26 ?
Oktober	10–26 = Lu	1–7, 29–31 = So	8, 9, 27, 28 ?
November	7–27 = Lu	1–4 = So	5, 6, 28–30 ?
Dezember	4–28 = Lu		1–3, 29–31 ?

Jahre: 1911, 1930, 1949, 1968, 1987, 2006 ...
und alle folgenden 19 Jahre

Januar	3–24 = Lu	28–31 = So	1, 2, 25–27 ?
Februar	3–21 = Lu	24–29 = So	1, 2, 22, 23 ?
März	8–20 = Lu	1–4, 23–31 = So	5–7, 21, 22 ?
April	9–17 = Lu	1–6, 20–30 = So	7, 8, 18, 19 ?
Mai	10–14 = Lu	1–7, 17–31 = So	8, 9, 15, 16 ?
Juni		1–8, 13–30 = So	9–12 ?
Juli	10 = Lu	1–7, 14–31 = So	8, 9, 11–13 ?
August	7–12 = Lu	1–4, 15–31 = So	5, 6, 13, 14 ?
September	4–13, 30 = Lu	16–27 = So	1–3, 14, 15, 28, 29 ?
Oktober	1–14, 28–31 = Lu	18–24 = So	15–17, 25–27 ?
November	1–16, 24–30 = Lu	19–21 = So	17, 18, 22 ?
Dezember	1–18, 22–31 = Lu		19–21 ?

Jahre: 1912, 1931, 1950, 1969, 1988, 2007 ...
und alle folgenden 19 Jahre

Januar	1-15, 23-31 = Lu	18-20 = So	16, 17, 21, 22 ?
Februar	1-12, 25-29 = Lu	15-21 = So	13, 14, 22-24 ?
März	1-10, 27-31 = Lu	13-24 = So	11, 12, 25, 26 ?
April	1-6, 28-30 = Lu	9-25 = So	7, 8, 26, 27 ?
Mai	1-3, 30 = Lu	6-27 = So	4, 5, 28, 29, 31 ?
Juni		3-27 = So	1, 2, 28-30 ?
Juli	28-30 = Lu	2-25 = So	1, 26, 27, 31 ?
August	24-31 = Lu	3-20 = So	1, 2, 21-23 ?
September	21-30 = Lu	4-17 = So	1-3, 18-20 ?
Oktober	1, 2, 18-31 = Lu	6-14 = So	3-5, 15-17 ?
November	1-5, 14-30 = Lu	8-11 = So	6, 7, 12, 13 ?
Dezember	1-5, 12-31 = Lu	8 = So	6, 7, 9-11 ?

Jahre: 1913, 1932, 1951, 1970, 1989, 2008 ...
und alle folgenden 19 Jahre

Januar	1-4, 10-31 = Lu	7 = So	5, 6, 8, 9 ?
Februar	1, 12-29 = Lu	4-8 = So	2, 3, 9-11 ?
März	16-27 = Lu	4-13, 30, 31 = So	1-3, 14, 15, 28, 29 ?
April	17-23 = Lu	1-13, 27-30 = So	14-16, 24-26 ?
Mai	19-21 = Lu	1-16, 24-31 = So	17, 18, 22, 23 ?
Juni		1-16, 20-30 = So	17-19 ?
Juli	18, 19 = Lu	1-15, 22-31 = So	16, 17, 20, 21 ?
August	14-19 = Lu	1-11, 23-31 = So	12, 13, 20-22 ?
September	10-21 = Lu	1-7, 24-30 = So	8, 9, 22, 23 ?
Oktober	7-23 = Lu	1-4, 26-31 = So	5, 6, 24, 25 ?
November	4-24 = Lu	1, 28 = So	2, 3, 25-27, 29, 30 ?
Dezember	2-25, 30, 31 = Lu		1, 26-29 ?

Jahre: 1914, 1933, 1952, 1971, 1990, 2009 ...
und alle folgenden 19 Jahre

Januar	1–21, 31 = Lu	25–27 = So	22–24, 28–30 ?
Februar	1–20 = Lu	23–29 = So	21, 22 ?
März	4–18 = Lu	1, 21–31 = So	2, 3, 19, 20 ?
April	5–15 = Lu	1, 2, 18–30 = So	3, 4, 16, 17 ?
Mai	7–11 = Lu	1–4, 14–31 = So	5, 6, 12, 13 ?
Juni	8 = Lu	1–5, 11–30 = So	6, 7, 9, 10 ?
Juli	7 = Lu	1–4, 10–31 = So	5, 6, 8, 9 ?
August	4–8 = Lu	1, 12–28 = So	2, 3, 9–11, 29, 30 ?
September	1–9, 28–30 = Lu	12–24 = So	10, 11, 25–27 ?
Oktober	1–12, 25–31 = Lu	15–22 = So	13, 14, 23, 24 ?
November	1–12, 21–30 = Lu	16–18 = So	13–15, 19, 20 ?
Dezember	1–15, 19–31 = Lu		16–18 ?

Jahre: 1915, 1934, 1953, 1972, 1991, 2010 ...
und alle folgenden 19 Jahre

Januar	1–12, 19–31 = Lu	15, 16 = So	13, 14, 17, 18 ?
Februar	1–8, 21–29 = Lu	11–17 = So	9, 10, 18–20 ?
März	1–7, 26–31 = Lu	11–21 = So	8–10, 22–25 ?
April	1–4, 26–30 = Lu	7–23 = So	5, 6, 24, 25 ?
Mai	1, 2, 28 = Lu	5–25 = So	3, 4, 26, 27, 29, 30 ?
Juni		1–25, 30 = So	26–29 ?
Juli	25–28 = Lu	1–22, 31 = So	23, 24, 29, 30 ?
August	21–28 = Lu	1–18 = So	19, 20, 29–31 ?
September	18–30 = Lu	1–15 = So	16, 17 ?
Oktober	15–31 = Lu	3–12 = So	1, 2, 13, 14 ?
November	1, 12–30 = Lu	5–9 = So	2–4, 10, 11 ?
Dezember	1–3, 9–31 = Lu		4–8 ?

Jahre: 1916, 1935, 1954, 1973, 1992, 2011 ...
und alle folgenden 19 Jahre

Januar	1, 2, 8-29 = Lu		3-7, 30, 31 ?
Februar	9-26 = Lu	1-5 = So	6-8, 27-29 ?
März	13-25 = Lu	1-9, 28-31 = So	10-12, 26, 27 ?
April	15-21 = Lu	1-11, 25-30 = So	12-14, 22-24 ?
Mai	15-18 = Lu	1-12, 21-31 = So	13, 14, 19, 20 ?
Juni		1-14, 18-30 = So	15-17 ?
Juli	15, 16 = Lu	1-12, 19-31 = So	13, 14, 17, 18 ?
August	12-17 = Lu	1-8, 21-31 = So	9-11, 18-20 ?
September	8-17 = Lu	1-5, 21-30 = So	6, 7, 18-20 ?
Oktober	5-19 = Lu	1, 23-29 = So	2-4, 20-22, 30, 31 ?
November	1-20, 29, 30 = Lu	24, 25 = So	21-23, 26-28 ?
Dezember	1-22, 26-31 = Lu		23-25 ?

Jahre: 1917, 1936, 1955, 1974, 1993, 2012 ...
und alle folgenden 19 Jahre

Januar	1-18, 28-31 = Lu	22-24 = So	19-21, 25-27 ?
Februar	1-15, 29 = Lu	18-25 = So	16, 17, 26-28 ?
März	1-14 = Lu	18-29 = So	15-17, 30, 31 ?
April	2-10 = Lu	14-30 = So	1, 11-13 ?
Mai	5-8 = Lu	1, 12-31 = So	2-4, 9-11 ?
Juni		1, 2, 8-30 = So	3-7 ?
Juli		1, 7-29 = So	2-6, 30, 31 ?
August	1-5, 28-31 = Lu	8-24 = So	6, 7, 25-27 ?
September	1-5, 25-30 = Lu	10-21 = So	6-9, 22-24 ?
Oktober	1-9, 23-31 = Lu	13-19 = So	10-12, 20-22 ?
November	1-8, 19-30 = Lu	12-15 = So	9-11, 16-18 ?
Dezember	1-11, 16-31 = Lu		12-15 ?

Nördliche Hemisphäre   (Lu = Lunar; So = Solar)

Jahre: 1918, 1937, 1956, 1975, 1994, 2013 ...
und alle folgenden 19 Jahre

Januar	1–8, 16–31 = Lu	12 = So	9–11, 13–15 ?
Februar	1–5, 17–29 = Lu	9–13 = So	6–8, 14–16 ?
März	1–4, 21–31 = Lu	8–17 = So	5–7, 18–20 ?
April	1, 23–28 = Lu	4–19 = So	2, 3, 20–22, 29, 30 ?
Mai	25 = Lu	2–20, 29–31 = So	1, 21–24, 26–28 ?
Juni		1–22, 26–30 = So	23–25 ?
Juli	23 = Lu	1–19, 27–31 = So	20–22, 24–26 ?
August	19–25 = Lu	1–15, 29–31 = So	16–18, 26–28 ?
September	15–26 = Lu	1–11, 30 = So	12–14, 27–29 ?
Oktober	12–27 = Lu	1–9, 31 = So	10, 11, 28–30 ?
November	9–30 = Lu	1–5 = So	6–8 ?
Dezember	6–30 = Lu		1–5, 31 ?

135

Südliche Hemisphäre (Lu = Lunar; So = Solar)

Jahre: 1900, 1919, 1938, 1957, 1976, 1995 ...
und alle folgenden 19 Jahre

Januar		1–13, 20–31 = So	14–19 ?
Februar	13–18 = Lu	1–9, 22–29 = So	10–12, 19–21 ?
März	12–22 = Lu	1–7, 26–31 = So	8–11, 23–25 ?
April	9–23 = Lu	1–5, 27–30 = So	6–8, 24–26 ?
Mai	6–25 = Lu	1, 2 = So	3–5, 26–31 ?
Juni	1–25, 30 = Lu		26–29 ?
Juli	1–23 = Lu	26–28 = So	24, 25, 29–31 ?
August	2–19 = Lu	22–29 = So	1, 20, 21, 30, 31 ?
September	3–15 = Lu	19–30 = So	1, 2, 16–18 ?
Oktober	5–12 = Lu	16–31 = So	1–4, 13–15 ?
November	5–8 = Lu	1, 12–30 = So	2–4, 9–11 ?
Dezember		1–3, 10–31 = So	4–9 ?

Jahre: 1901, 1920, 1939, 1958, 1977, 1996 ...
und alle folgenden 19 Jahre

Januar		1, 2, 9–30 = So	3–8, 31 ?
Februar	3–6 = Lu	10–26 = So	1, 2, 7–9, 27–29 ?
März	1–9, 29–31 = Lu	13–25 = So	10–12, 26–28 ?
April	1–10, 25–30 = Lu	14–21 = So	11–13, 22–24 ?
Mai	1–13, 23–31 = Lu	17–19 = So	14–16, 20–22 ?
Juni	1–13, 19–30 = Lu		14–18 ?
Juli	1–11, 20–31 = Lu	15 = So	12–14, 16–19 ?
August	1–8, 21–31 = Lu	12–17 = So	9–11, 18–20 ?
September	1–4, 22–30 = Lu	8–18 = So	5–7, 19–21 ?
Oktober	1, 2, 24–29 = Lu	6–20 = So	3–5, 21–23, 30, 31 ?
November	26 = Lu	2–21, 30 = So	1, 22–25, 27–29 ?
Dezember		1–23, 28–31 = So	24–27 ?

136

Südliche Hemisphäre   (Lu = Lunar; So = Solar)

Jahre: 1902, 1921, 1940, 1959, 1978, 1997 ...
und alle folgenden 19 Jahre

Januar	23, 24 = Lu	1–19, 28–31 = So	20–22, 25–27 ?
Februar	20–25 = Lu	1–16 = So	17–19, 26–29 ?
März	18–30 = Lu	2–15 = So	1, 16, 17, 31 ?
April	15–30 = Lu	3–11 = So	1, 2, 12–14 ?
Mai	1, 12–31 = Lu	5–8 = So	2–4, 9–11 ?
Juni	1, 2, 9–30 = Lu		3–8 ?
Juli	1, 2, 9–29 = Lu		3–8, 30, 31 ?
August	10–25 = Lu	2–5, 29–31 = So	1, 6–9, 26–28 ?
September	11–22 = Lu	1–6, 26–30 = So	7–10, 23–25 ?
Oktober	12–19 = Lu	1–8, 22–31 = So	9–11, 20, 21 ?
November	14–16 = Lu	1–9, 19–30 = So	10–13, 17, 18 ?
Dezember		1–12, 17–31 = So	13–16 ?

Jahre: 1903, 1922, 1941, 1960, 1979, 1998 ...
und alle folgenden 19 Jahre

Januar	13 = Lu	1–9, 17–31 = So	10–12, 14–16 ?
Februar	10–14 = Lu	1–6, 18–29 = So	7–9, 15–17 ?
März	9–18 = Lu	1–5, 23–31 = So	6–8, 19–22 ?
April	5–19 = Lu	1, 24–29 = So	2–4, 20–23, 30 ?
Mai	3–21, 30, 31 = Lu	25, 26 = So	1, 2, 22–24, 27–29 ?
Juni	1–22, 28–30 = Lu		23–27 ?
Juli	1–19, 29–31 = Lu	23–25 = So	20–22, 26–28 ?
August	1–15, 30, 31 = Lu	19–25 = So	16–18, 26–29 ?
September	1–12 = Lu	16–27 = So	13–15, 28–30 ?
Oktober	1–9 = Lu	13–29 = So	10–12, 30, 31 ?
November	2–5 = Lu	9–30 = So	1, 6–8 ?
Dezember		7–31 = So	1–6 ?

137

Jahre: 1904, 1923, 1942, 1961, 1980, 1999 ...
und alle folgenden 19 Jahre

Januar	31 = Lu	6–26 = So	1–5, 27–30 ?
Februar	1, 2, 27–29 = Lu	6–23 = So	3–5, 24–26 ?
März	1–7, 26–31 = Lu	11–22 = So	8–10, 23–25 ?
April	1–8, 23–30 = Lu	12–19 = So	9–11, 20–22 ?
Mai	1–9, 20–31 = Lu	14–16 = So	10–13, 17–19 ?
Juni	1–11, 16–30 = Lu		12–15 ?
Juli	1–10, 18–31 = Lu	15 = So	11–14, 16, 17 ?
August	1–6, 19–31 = Lu	10–14 = So	7–9, 15–18 ?
September	1, 2, 19–30 = Lu	6–15 = So	3–5, 16–18 ?
Oktober	21–26 = Lu	4–17, 30, 31 = So	1–3, 18–20, 27–29 ?
November	22, 23 = Lu	1–18, 27–30 = So	19–21, 24–26 ?
Dezember		1–20, 24–31 = So	21–23 ?

Jahre: 1905, 1924, 1943, 1962, 1981, 2000 ...
und alle folgenden 19 Jahre

Januar	22 = Lu	1–17, 27–31 = So	18–21, 23–26 ?
Februar	17–23 = Lu	1–13, 27–29 = So	14–16, 24–26 ?
März	16–26 = Lu	1–12, 31 = So	13–15, 27–30 ?
April	12–27 = Lu	1–8 = So	9–11, 28–30 ?
Mai	9–29 = Lu	1–5 = So	6–8, 30, 31 ?
Juni	5–29 = Lu	2 = Lu	1, 3, 4, 30 ?
Juli	5–26 = Lu	30, 31 = Lu	1–4, 27–29 ?
August	6–22 = Lu	1, 26–31 = So	2–5, 23–25 ?
September	7–19 = Lu	1–3, 22–30 = So	4–6, 20, 21 ?
Oktober	8–16 = Lu	1–4, 20–31 = So	5–7, 17–19 ?
November	10–12 = Lu	1–6, 16–30 = So	7–9, 13–15 ?
Dezember		1–8, 14–31 = So	9–13 ?

Südliche Hemisphäre (Lu = Lunar; So = Solar)

Jahre: 1906, 1925, 1944, 1963, 1982, 2001 ...
und alle folgenden 19 Jahre

Januar	10 = Lu	1-7, 14-31 = So	8, 9, 11-13 ?
Februar	6-10 = Lu	1, 2, 15-29 = So	3-5, 11-14 ?
März	6-14 = Lu	1, 2, 19-29 = So	3-5, 15-18, 30, 31 ?
April	2-16, 29, 30 = Lu	20-26 = So	1, 17-19, 27, 28 ?
Mai	1-17, 26-31 = Lu	22 = So	18-21, 23-25 ?
Juni	1-19, 23-30 = Lu		20-22 ?
Juli	1-16, 25-31 = Lu	20, 21 = So	17-19, 22-24 ?
August	1-13, 26-31 = Lu	16-22 = So	14, 15, 23-25 ?
September	1-9, 28-30 = Lu	13-23 = So	10-12, 24-27 ?
Oktober	1-6, 29-31 = Lu	10-25 = So	7-9, 26-28 ?
November	1-3, 30 = Lu	6-26 = So	4, 5, 27-29 ?
Dezember		4-27 = So	1-3, 28-31 ?

Jahre: 1907, 1926, 1945, 1964, 1983, 2002 ...
und alle folgenden 19 Jahre

Januar	27-29 = Lu	2-23 = So	1, 24-26, 30, 31 ?
Februar	24-29 = Lu	3-20 = So	1, 2, 21-23 ?
März	1-3, 23-31 = Lu	7-19 = So	4-6, 20-22 ?
April	1-4, 20-30 = Lu	8-16 = So	5-7, 17-19 ?
Mai	1-6, 17-31 = Lu	11-13 = So	7-10, 14-16 ?
Juni	1-7, 13-30 = Lu		8-12 ?
Juli	1-7, 14-31 = Lu		8-13 ?
August	1-3, 14-30 = Lu	6-10 = So	4, 5, 11-13, 31 ?
September	16-26 = Lu	3-11, 30 = So	1, 2, 12-15, 27-29 ?
Oktober	18-24 = Lu	1-13, 28-31 = So	14-17, 25-27 ?
November	19, 20 = Lu	1-14, 24-30 = So	15-18, 21-23 ?
Dezember		1-16, 21-31 = So	17-20 ?

139

Südliche Hemisphäre   (Lu = Lunar; So = Solar)

Jahre: 1908, 1927, 1946, 1965, 1984, 2003 ...
und alle folgenden 19 Jahre

Januar	17 = Lu	1-13, 22-31 = So	14-16, 18-21 ?
Februar	14-19 = Lu	1-10, 23-29 = So	11-13, 20-22 ?
März	13-24 = Lu	1-9, 28-31 = So	10-12, 25-27 ?
April	10-24 = Lu	1-6, 29, 30 = So	7-9, 25-28 ?
Mai	6-26 = Lu	1-3, 30 = So	4, 5, 27-29, 31 ?
Juni	3-26 = Lu		1, 2, 27-30 ?
Juli	2-23 = Lu	27-29 = Lu	1, 24-26, 30, 31 ?
August	3-20 = Lu	24-31 = So	1, 2, 21-23 ?
September	4-16 = Lu	20-30 = So	1-3, 17-19 ?
Oktober	6-13 = Lu	1, 17-31 = So	2-5, 14-16 ?
November	7-10 = Lu	1-3, 14-30 = So	4-6, 11-13 ?
Dezember		1-5, 11-31 = So	6-10 ?

Jahre: 1909, 1928, 1947, 1966, 1985, 2004 ...
und alle folgenden 19 Jahre

Januar		1-4, 11-31 = So	5-10 ?
Februar	4-7 = Lu	12-28 = So	1-3, 8-11, 29 ?
März	3-11, 30, 31 = Lu	15-26 = So	1, 2, 12-14, 27-29 ?
April	1-12, 26-30 = Lu	17-23 = So	13-16, 24, 25 ?
Mai	1-13, 24-31 = Lu	18-20 = So	14-17, 21-23 ?
Juni	1-14, 20-30 = Lu		15-19 ?
Juli	1-13, 21-31 = Lu	17 = So	14-16, 18-20 ?
August	1-9, 23-31 = Lu	13-18 = So	10-12, 19-22 ?
September	1-6, 23-30 = Lu	10-19 = So	7-9, 20-22 ?
Oktober	1-3, 25-30 = Lu	7-21 = So	4-6, 22-24, 31 ?
November	27 = Lu	3-23 = So	1, 2, 24-26, 28-30 ?
Dezember		1-24, 29-31 = So	25-28 ?

Südliche Hemisphäre (Lu = Lunar; So = Solar)

Jahre: 1910, 1929, 1948, 1967, 1986, 2005 ...
und alle folgenden 19 Jahre

Januar	24-26 = Lu	1-21, 30, 31 = So	22, 23, 27-29 ?
Februar	20-28 = Lu	1-17 = So	18, 19, 29 ?
März	20-31 = Lu	4-16 = So	1-3, 17-19 ?
April	16-30 = Lu	5-12 = So	1-4, 13-15 ?
Mai	1, 2, 14-31 = Lu	7-11 = So	3-6, 12, 13 ?
Juni	1-3, 10-30 = Lu		4-9 ?
Juli	1-3, 10-31 = Lu		4-9 ?
August	11-27 = Lu	3-7, 31 = So	1, 2, 8-10, 28-30 ?
September	12-23 = Lu	1-7, 27-30 = So	8-11, 24-26 ?
Oktober	14-21 = Lu	1-10, 24-31 = So	11-13, 22, 23 ?
November	16-18 = Lu	1-11, 21-30 = So	12-15, 19, 20 ?
Dezember		1-13, 18-31 = So	14-17 ?

Jahre: 1911, 1930, 1949, 1968, 1987, 2006 ...
und alle folgenden 19 Jahre

Januar	14 = Lu	1-10, 18-31 = So	11-13, 15-17 ?
Februar	11-16 = Lu	1-7, 20-29 = So	8-10, 17-19 ?
März	10-20 = Lu	1-7, 24-31 = So	8, 9, 21-23 ?
April	7-21 = Lu	1-3, 25-30 = So	4-6, 22-24 ?
Mai	4-23 = Lu	28 = So	1-3, 24-27, 29-31 ?
Juni	1-24, 28-31 = Lu		25-27 ?
Juli	1-20, 30, 31 = Lu	24-26 = Lu	21-23, 27-29 ?
August	1-17 = Lu	21-28 = So	18-20, 29-31 ?
September	1-13 = Lu	17-28 = So	14-16, 29, 30 ?
Oktober	2-10 = Lu	14-30 = So	1, 11-13, 31 ?
November	4-7 = Lu	11-30 = So	1-3, 8-10 ?
Dezember		1, 2, 9-31 = So	3-8 ?

Jahre: 1912, 1931, 1950, 1969, 1988, 2007 ...
und alle folgenden 19 Jahre

Januar		1, 8–29 = So	2–7, 30, 31 ?
Februar	2–5, 29 = Lu	9–25 = So	1, 6–8, 26–28 ?
März	1–7, 27–31 = Lu	12–23 = So	8–11, 24–26 ?
April	1–8, 24–30 = Lu	13–20 = So	9–12, 21–23 ?
Mai	1–10, 21–31 = Lu	15–17 = So	11–14, 18–20 ?
Juni	1–12, 17–30 = Lu		13–16 ?
Juli	1–10, 18–31 = Lu	14, 15 = So	11–13, 16, 17 ?
August	1–6, 19–31 = Lu	10–15 = So	7–9, 16–18 ?
September	1–3, 20–30 = Lu	7–16 = So	4–6, 17–19 ?
Oktober	23–28 = Lu	4–18 = So	1–3, 19–22, 29–31 ?
November	23, 24 = Lu	1–19, 28–30 = So	20–22, 25–27 ?
Dezember		1–22, 26–31 = So	23–25 ?

Jahre: 1913, 1932, 1951, 1970, 1989, 2008 ...
und alle folgenden 19 Jahre

Januar	22, 23 = Lu	1–18, 27–31 = So	19–21, 24–26 ?
Februar	18–24 = Lu	1–14, 29 = So	15–17, 25–28 ?
März	18–28 = Lu	1–14 = So	15–17, 29–31 ?
April	14–29 = Lu	1–10 = So	11–13, 30 ?
Mai	11–31 = Lu	4–7 = So	1–3, 8–10 ?
Juni	7–30 = Lu		1–6 ?
Juli	1, 7–28 = Lu		2–6, 29–31 ?
August	8–24 = Lu	1–3, 28–31 = So	4–7, 25–27 ?
September	9–20 = Lu	1–4, 25–30 = So	5–8, 21–24 ?
Oktober	11–17 = Lu	1–6, 21–31 = So	7–10, 18–20 ?
November	12–14 = Lu	1–8, 18–30 = So	9–11, 15–17 ?
Dezember		1–10, 16–31 = So	11–15 ?

Jahre: 1914, 1933, 1952, 1971, 1990, 2009 ...
und alle folgenden 19 Jahre

Januar		1–8, 16–31 = So	9–15 ?
Februar	8–12 = Lu	1–4, 16–29 = So	5–7, 13–15 ?
März	8–17 = Lu	1–3, 21–31 = So	4–7, 18–20 ?
April	4–18 = Lu	22–27 = So	1–3, 19–21, 28–31 ?
Mai	1–20, 29–31 = Lu	24, 25 = So	21–23, 26–28 ?
Juni	1–21, 26–30 = Lu		22–25 ?
Juli	1–18, 28–31 = Lu	22–24 = Lu	19–21, 25–27 ?
August	1–14, 28–31 = Lu	18–24 = So	15–17, 25–27 ?
September	1–10, 29, 30 = Lu	14–25 = So	11–13, 26–28 ?
Oktober	1–8 = Lu	12–27 = So	9–11, 28–31 ?
November	1–4 = Lu	8–28 = So	5–7, 29–30 ?
Dezember	2 = Lu	6–29 = So	1, 3–5 30, 31 ?

Jahre: 1915, 1934, 1953, 1972, 1991, 2010 ...
und alle folgenden 19 Jahre

Januar	30, 31 = Lu	4–26 = So	1–3, 27–29 ?
Februar	1, 26–29 = Lu	5–21 = So	2–4, 22–25 ?
März	1–5, 25–31 = Lu	9–21 = So	6–8, 22–24 ?
April	1–6, 21–30 = Lu	10–17 = So	7–9, 18–20 ?
Mai	1–8, 19–31 = Lu	13–15 = So	9–12, 16–18 ?
Juni	1–9, 15–30 = Lu		10–14 ?
Juli	1–8, 16–31 = Lu		9–15 ?
August	1–4, 17–31 = Lu	8–12 = So	5–7, 13–16 ?
September	1, 18–28 = Lu	5–14 = So	2–4, 15–17, 29, 30 ?
Oktober	19–25 = Lu	2–15, 29–31 = So	1, 16–18, 26–28 ?
November	21 = Lu	1–16, 25–30 = So	17–20, 22–24 ?
Dezember		1–19, 23–31 = So	20–22 ?

Jahre: 1916, 1935, 1954, 1973, 1992, 2011 ...
und alle folgenden 19 Jahre

Januar	20 = Lu	1–16, 25–31 = So	17–19, 21–24 ?
Februar	16–22 = Lu	1–12, 26–29 = So	13–15, 23–25 ?
März	14–25 = Lu	1–10, 30, 31 = So	11–13, 26–29 ?
April	12–26 = Lu	1–8, 30 = So	9–11, 27–29 ?
Mai	8–27 = Lu	1–4 = So	5–7, 28–31 ?
Juni	4–27 = Lu		1–3, 28–30 ?
Juli	3–25 = Lu	29–31 = So	1, 2, 26–28 ?
August	5–21 = Lu	25–31 = So	1–4, 22–24 ?
September	5–17 = Lu	21–30 = So	1–4, 18–20 ?
Oktober	7–14 = Lu	1–3, 18–31 = So	4–6, 15–17 ?
November	8–10 = Lu	1–3, 15–30 = So	4–7, 11–14 ?
Dezember		1–6, 12–31 = So	7–11 ?

Jahre: 1917, 1936, 1955, 1974, 1993, 2012 ...
und alle folgenden 19 Jahre

Januar		1–6, 12–31 = So	7–11 ?
Februar	5–9 = Lu	1, 2, 12–29 = So	3, 4, 10, 11 ?
März	4–13 = Lu	17–28 = So	1–3, 14–16, 29–31 ?
April	1–14, 28–30 = Lu	17–24 = So	15, 16, 25–27 ?
Mai	1–17, 25–31 = Lu	20–22 = So	18, 19, 23, 24 ?
Juni	1–17, 22–30 = Lu		18–21 ?
Juli	1–15, 24–31 = Lu	18–20 = Lu	16, 17, 21–23 ?
August	1–11, 24–31 = Lu	15–20 = So	12–14, 21–23 ?
September	1–8, 25–30 = Lu	11–22 = So	9, 10, 23, 24 ?
Oktober	1–6, 28–31 = Lu	9–24 = So	7, 8, 25–27 ?
November	1, 2, 28 = Lu	6–24 = So	3–5, 25–27, 29, 30 ?
Dezember		1–26, 31 = So	27–30 ?

Südliche Hemisphäre   (Lu = Lunar; So = Solar)

Jahre: 1918, 1937, 1956, 1975, 1994, 2013 ...
und alle folgenden 19 Jahre

Januar	26–28 = Lu	1–22 $\stackrel{!}{=}$ So	23–25, 29–31 ?
Februar	22–29 = Lu	1–19 = So	20, 21 ?
März	1, 22–31 = Lu	5–18 = So	2–4, 19–21 ?
April	1, 2, 18–30 = Lu	7–15 = So	3–6, 16–17 ?
Mai	1–4, 15–31 = Lu	9–11 = So	5–8, 12–14 ?
Juni	1–5, 11–30 = Lu		6–10 ?
Juli	1–5, 12–31 = Lu		6–11 ?
August	13–29 = Lu	5–8 = So	2–4, 9–12, 30, 31 ?
September	14–25 = Lu	1–10, 29, 30 = So	11–13, 26–28 ?
Oktober	16–22 = Lu	1–12, 26–31 = So	13–15, 23–25 ?
November	17–19 = Lu	1–13, 23–30 = So	14–16, 20–22 ?
Dezember		1–15, 19–31 = So	16–18 ?